West 西部大开发研究丛书

U0572056

财政省管县体制研究

——以浙江、宁夏为例

The Study on the Fiscal System of
Province Governing County
——The cases of Zhejiang and Ningxia

钱 滔 著

ZHEJIANG UNIVERSITY PRESS
浙江大学出版社

西部大开发研究丛书

总　序

　　2011年是"十二五"规划的开局之年,也是西部大开发新10年的起始之年。过去的10年是西部地区经济社会发展最快、城乡面貌变化最大、人民群众得到实惠最多的10年,也是西部地区对全国的发展贡献最突出的10年。西部地区经济年均增长速度达到11.9%,主要的宏观经济指标10年间都翻了一番以上。基础设施建设取得突破性进展。青藏铁路、西气东输、西电东送等标志性工程投入运营。生态建设规模空前,森林覆盖率从10年前的10.32%提高到现在的17.05%,提高了6.7个百分点。社会事业取得长足进步,"两基"攻坚计划目标如期完成,卫生、社会保障、就业等基本公共服务能力大大增强。人民生活水平得到明显提高,城乡居民的收入分别是10年前的2.7倍和2.3倍。改革开放深入推进,东、中、西部地区互动合作的广度和深度不断拓展,对内对外开放的新格局初步形成。广大干部群众开拓创新意识不断增强,精神风貌昂扬向上。

　　站在新的起点上,我们也清楚地看到,目前东西部发展的差距仍然较大。2009年,西部人均生产总值、城镇居民可支配收入、农村居民纯收入分别只有东部地区的45%、68%、53%,依然是我国区域协调发展中的"短板"。按照党中央、国务院的部署,深入实施西部大开发战略将放在区域发展总体战略的优先位置,给予特殊的政策支持,推动西部地区的经济综合实力上一个大台阶,人民群众的生活水平和质量上一个大台阶,生态环境保护上一个大台阶,基本建成全面小康社会。

　　浙江大学中国西部发展研究院(简称西部院)是在2006年10月由国家发展改革委员会和浙江大学共建成立的,其目的是围绕西部大开发的全局性、综合性、战略性问题开展理论和应用研究,形成促进东西部地区互动合作、共同发展的重要科研交流和人才培训基地,为国家有关部门和地方政府制定发展规划和政策提出建议,为各类企业、社会团体和组织提供咨询服务。

西部院成立迄今，作为一个创新科研实体，本着"跳出西部思考西部，跳出西部发展西部"的新视角，一直以"服务西部经济社会发展"为己任，以建设"科学研究基地、科技服务基地、人才培养和培训基地、国际合作与交流基地"为目标而努力奋进。先后承担了大量国家战略层面的项目研究，并对西部大开发中的前瞻性问题进行了一系列的学术探索，成果斐然，如先后参加了《关中——天水经济区发展规划》、《"十二五"时期促进基本公共服务均等化规划思路研究》、《呼包银重点经济区发展规划》、《"十二五"完善基本公共服务体系规划》等国家重大规划编制的相关研究，开展了《西部大开发与区域发展理论创新》、《西部大开发重大理论问题研究》等重大课题的研究，形成了有价值的成果，这些研究成果既为西部大开发提供了理论基础，对实践活动也具有积极的指导作用，体现了西部院作为西部开发智库的重要作用，体现了一个学术机构的社会责任。

此次西部院编辑出版的这套《西部大开发研究丛书》，是西部院自 2008 年始，针对西部大开发中的热点和难点问题，组织国内专家学者开展深入研究形成的一批重要成果，内容涉及西部地区政策评估、东西部差异变动分析、产业发展、生态环境保护、能源资源开发和利用、基本公共服务均等化、人才开发、文化发展及财税体制等与西部经济社会发展密切相关的多个领域，具有较高的理论意义和现实价值。我相信，这套丛书的出版发行将有助于把西部大开发问题的研究引向深入。

2011 年 10 月

内容提要 财政省管县是当前中国省级财政体制改革的热点主题,本书以中华人民共和国成立以来一直实行省管县财政体制的浙江和宁夏为例,主要研究内容如下:第一,系统梳理了浙江和宁夏统收统支、分灶吃饭和分税制三个时期省管县财政体制的变迁过程;第二,分析分税制改革对省以下财力运行、转移支付和财力均等化的冲击与影响,指出了省内均衡性转移支付机制的建立与完善是省级财政体制稳定的关键,第三,基于浙江 55 个县市 1995—2003 年的面板数据,通过固定效应模型分析政府间财政分权和激励政策对县市经济增长的影响,结果表明国税上缴比重的增加会阻碍县市经济增长,而省级财政的激励促进了地方经济增长;第四,研究奖励政策对地方财政努力与经济增长的影响,结果显示奖励与县市的地方财政努力呈显著正相关,同时与县市的经济增长率也是显著正相关;第五,分析浙江省不同类型转移支付的政策逻辑及其影响,结果显示浙江省对县市的转移支付与县市财政缺口和地方财政努力基本呈现正相关关系,与经济发展和财力水平负相关,表明省级转移支付受到公平性因素影响;第六,通过三组衡量浙江省省内财政分权和财政自主性指标的比较分析,指出省内财政分权必须把央—地财政关系和省以下政府间财政关系区分开,同时需要把分税制与原体制的财政关系相衔接。

关键词 财政省管县;财政分权;财政努力;经济发展

Abstract Province-governing-county is one of the hot topics of provincial fiscal system reform in China. This book studies the fiscal system of povince-governing-county, taking Zhejiang and Ningxia as examples. These two provinces have been implementing the province-governing-county system since the foundation of the PRC. The main research contents are as follows: The first chapter reviews the history of Zhejiang and Ningxia's province-governing-county fiscal system at three different periods, i. e. the periods of unified revenue and expenditure, tax contracting and tax sharing system, respectively. The second chapter analyzes the impact and influence of tax-sharing reform on fiscal system operation, transfer and fiscal equalization in Zhejiang and Ningxia, and points out that the establishment of a balanced transfer mechanism within a province is the key to the stability of provincial fiscal system. The third chapter investigates the effect of fiscal decentralization and incentive policies on county-level economic growth, based on a panel of 55 counties in Zhejiang province from 1995 to 2003. The results show that the increase of the proportion of central taxation hinders the economic growth of the counties, while provincial fiscal incentives contributes to local economic growth. The fourth chapter analyzes the impact of rewards on local fiscal efforts and economic growth. The results show that the incentive is positively correlated with the local fiscal effort of the county, and it is also positively correlated with the economic growth rate of the county. The fifth chapter analyzes the policy logic of different types of transfer and its influence in Zhejiang province. The results show that the transfer of the county in Zhejiang province is positively correlated with its fiscal gap and fiscal effort, while negatively related to its economic development and financial adequacy, which means that the provincial transfer is affected by the fairness factor. The sixth chapter constructs three different fiscal decentralization and financial autonomy indicators for Zhejiang province. By comparing and analyzing these indicators, we find that when we are measuring the fiscal decentralization of the county, we must distinguish between central-county fiscal relationship and provincial-county fiscal relationship. At the same time, we must consider the connections of tax-sharing system and the original fiscal system.

Key words   Fiscal System of Province-Governing-County; Fiscal Decentralization; Fiscal Effort; Economic Development

目　录

Contents

1 浙江和宁夏的财政省管县体制沿革

　　自 1953 年以来,浙江与宁夏都一直实行"省管县"(Province Governing County,PGC)财政体制,是全国仅有的两个省区。相对而言,浙江因民营经济活跃和县域经济较为发达而受到关注较多,宁夏则相对较少。在结合中央财政体制历次变革的前提下,为了更好地理解和分析省管县财政体制的变迁过程,及其对省以下政府间财政关系的影响,本章按中央财政体制所经历的统收统支、分灶吃饭和分税制三个发展阶段,分别详细梳理浙江和宁夏省管县财政体制的变迁过程。

1.1　引言

　　"省管县"财政管理体制是与"市管县"财政管理体制相比较而言的一种财政管理体制,近 10 多年来,省管县财政体制是我国财政管理体制改革的热点话题(张占斌,2007)。所谓省管县财政体制,即市(地)本级财政和县(市)财政一样都直接同省在体制上挂钩,市(地)一级不与所辖县(市)在财政体制上产生结算关系。对于大国经济和财政资源不足的发展中国家而言,省级财政体制影响着省域内 3～4 个层级政府间的财政分权(贾康,2004;王绍光,2002)。

　　改革开放前 30 年,全国各个省份都实行中央、省和县三级财政管理体制(项怀诚,1994)。直到 1982 年,随着市管县行政管理体制的推行,多数省份才开始逐步实行市管县财政体制(刘仲藜,2009)。1994 年分税制之后,随着财权上移事权下划,绝大多数省份县级财政困难问题很快凸显(楼继伟,

2013)。从 1992 年起,全国 13 个省市已陆续开始省直接对县财政包干体制的试点,即省管县。到 2004 年,全国已有 7 个省区试行省直管县财政管理体制;[①]到 2006 年底,全国有 14 个省区试行省直管县财政管理体制(谢旭人,2008;张占斌,2007)。据财政部向《中国经济周刊》提供的资料,到 2007 年,全国有 18 个省区试行省管县财政体制,[②]加上 4 个直辖市,共有 22 个地区实行了省管县财政体制。2009 年 7 月 9 日,财政部公布《关于推进省直接管理县财政改革的意见》,明确提出"省直管县"财政改革将在 2012 年底前在中国大部分地区推行的实施目标。到目前,全国已基本全面推行了省管县财政管理体制。

纵观全国,在中央财政体制历经统收统支、分灶吃饭和分税制三个时期,都实行省管县财政体制的,只有浙江和宁夏两个省区(吴云法,2004)。[③]浙江和宁夏分别于 1951 年和 1950 年建立省级财政,并都在 1953 年建立县级财政(翁礼华,1999,2002;宁夏通志编纂委员会,2009)。[④] 浙江县域经济自 20 世纪 80 年代以来保持快速发展,民营经济非常活跃。更为重要的是,其他省份在分税制之后,县级财政赤字和乡镇基层级财政困难问题快速凸显,大面积出现中小学教师欠发工资和政府财政运转困难。而浙江自 1994 年之后省以下财政体制较为稳定,并很快建立起较为规范的省内转移支付体系,未出现教师工资欠发问题,且赤字县问题得到有效缓解(翁礼华,1999)。由此,"省管县"财政体制开始越来越受到中央和其他省份的关注。[⑤]

为了更好地对照理解和比较分析浙江和宁夏省以下政府间财政关系及其变革,本章接下来部分的结构安排如下:1.2 节梳理统收统支时期浙江与宁夏省以下财政体制的变革过程;1.3 节梳理分灶吃饭时期浙江与宁夏省管

---

① 分别是浙江、安徽、湖北、黑龙江、福建、海南和宁夏。

② 分别是河北、山西、海南、辽宁、吉林、黑龙江、江苏、浙江、安徽、福建、江西、山东、河南等 18 个省份。

③ 海南自 1988 年建省以来,也是实行"省管县"财政体制。而浙江和宁夏除"文化大革命"个别年份外,从 1953 年起一直实行"省管县"财政体制。

④ 宁夏回族自治区于 1958 年成立,之前的行政和财政管理关系请参见下文 1.2 的表 1-2。

⑤ 2004 年在财政部举办的一个全国会议上,主题之一就是呼吁其他地区的地方财政体制改革向"浙江经验"学习。有关会议情况简介可从该链接看到 http://cks.mof.gov.cn/crifshtmldefault/_history/63.html。

县财政体制的沿革;1.4 节梳理 1994 年分税制之后浙江与宁夏省管县财政体制的沿革;1.5 节为本章的小结。

1.2 统收统支时期

新中国成立以来,随着国家工业化发展战略的实施,中央集权的计划经济体制逐步建立。在此过程中,以统收统支为基本特征的集权财政体制也随之推行,不仅地方政府没有独立的财政预算,而且国有企业也实行统收统支,企业和政府是一本账。在此高度集中统一的中央财政体制下,地方财政收入大部分上解,省以下财政体制只是中央财政体制集中财力的简单延伸,并不包含鼓励地方政府发展经济的激励因素。1950—1979 年的 30 年统收统支时期,中央财政体制经历了将近 10 次变革,都一定程度上反映了中央集权与地方分权的政府间关系变化(翁礼华,2002;刘仲藜,2009)。应该说,统收统支的财政体制通过集中收入和节减支出,保证了国家进行重点建设,推进国家工业化。

1.2.1 浙江

统收统支时期的浙江省财政体制,总体上是随着中央财政体制的变革,以及中央对浙江每年核定的财政收支而同步调整(参见表 1-1)。

表 1-1　统收统支时期浙江省财政体制的变革(1951—1979 年)

时期	体制	财政体制的主要内容
1950—1952 年	统一收支	1951 年浙江省对市、县实行统一收支的办法,即县市的一切财政收入全部上交省,一切财政支出均由省财政拨付。1952 年,省辖地方附加及自筹收支部分下放县、市管理,单独建立预决算制度。[①]

---

① 1951 年,省级财政建立,但收支范围较小,省与县尚未进行收支范围的划分,县的各项收支仍作为省的一部分列入省的预算和决算,向华东地区财政结报。

续表

时期	体制	财政体制的主要内容
1953—1957 年	以收定支、一年一定	1953 年,浙江省普遍建立市、县一级财政。① 这一时期的财政体制是在省和县市划分收支范围的基础上运行的。② 1953—1957 年期间,为了调动县市增加财政收入的积极性,明确了县市一级财政的收入范围。省规定市、县的收支范围和年终结余的处理办法,市、县收支都由省财政核定预算数,如果预算收入不抵预算支出,由省财政补助。年度超收和节支,除专款结余上缴外,一般结余和超收部分,均作为下年度收入。在"一五"期间,浙江省基本上按此体制执行。
1958 年	划分收支、以收定支	在调整县市地方税收固定收入范围基础上,粮食企业和地方工商企业收入市、县留成 50%,中央商业企业收入市、县留成 20%,农业税和公债收入市、县留成 20%;工商统一税和工商所得税作为调剂分成收入,视市、县收支指标的平衡情况分别确定分成比例。
1959—1967 年	收支下放、计划包干、总额分成、一年一变	县市财政收支指标经省财政核定后,收大于支的,其大于支出的部分,按与总收入的比例上解,收小于支的不足部分由省财政给予补助。在此基础上归市、县包干使用,年终结余全部归各地下年继续使用。浙江省 1961—1967 年期间也是一直沿用这一体制,但规定当年超收分成在 9 月前不得安排使用,年终结余,留各地使用。
1971—1973 年	财政收支包干	1971 年,建立地(专署)一级财政,省财政不再与县发生直接的财政结算关系。省财政对专署核定收支指标和确定预算收入的留、解比例,预算收入的超收部分,省与地区以 6∶4 的比例分成,地区与市、县再行对半分成。1972 年起,"五小"企业收入以 40%缴国家预算,60%作为预算外收入由地、县分成,县 70%,地 30%,用于"五小"企业技术改造。

① 1953 年,浙江省普遍建立市、县一级财政,省规定市、县的收支范围和年终结余的处理办法,原来所列的"地方款"收支,也列入县预算一并管理。

② 市、县财政的收入范围为:各县辖区范围内的印花税、个人所得税、屠宰税、牲畜交易税、契税、文化娱乐税、车船牌照税、县(市)管理的地方国营企业利润及折旧、县(市)级及乡(村)的行政、事业公产、其他收入等。划给省辖市(杭州、宁波、温州)的收入除以上各项外,再加上利息所得税、城市房产地产税、特种消费行为税、公共事业附加等。市、县的支出范围为:除 1952 年下放给市、县管理的乡镇财政支出外,再将原来由省有关部门直接管理的一些属于市、县范围的支出也下放到市、县管理。市、县管理的支出包括:乡镇村干部训练费、干部会议费,县区级完全小学、县立中学及简易师范学校、县文化馆、卫生院、区卫生院、县农场、苗圃、交通事业(区乡电话)、农田水利等费,社会抚恤救济费,县、区、乡镇人民政府行政费,县、区人民代表会议费、司法费等。

时期	体制	财政体制的主要内容
1974—1977 年	比例留成、超收分成、支出包干	1974 年,县市的留成比例按各地不同情况,由省财政核定。固定比例留成和超收分成主要作为各地的机动财力。各地在财政核定的固定比例和超收分成比例范围内,再核定与所属市、县的分成比例。1976 年,根据核定的收支指标总额,分别确定省与地、县的分成比例,地、县的收入比预算短收了,要相应地紧缩开支,自求平衡。1977 年,在上述办法基础上,对预算收入超收部分,实行省与地区 6:4 的比例分成,省得 60%,地、市得 40%,以调动地、市增产增收的积极性。
1978—1979 年	总额分成、增收分成	1978 年,各地、区的增收比例分成,根据省地分成总比例和各地、市的具体情况分别确定,年终按照实际增收数额和分成比例进行结算;预算超收部分,已包括在比上年实际增长数额以内分成,不再另行结算超收分成。地、市集中留成的部分,由地、市和县协商确定。市(地)、县(市)按增收分成所得的机动财力,原则上当年不能安排使用。1979 年基本沿用这一体制。

资料来源:翁礼华主编:《浙江省财政税务志》,中华书局 2002 年版;翁礼华著:《五十而知天命——财税改革随笔》,中国税务出版社 1999 年版。

从表 1-1 中可以看出,统收统支时期的浙江财政体制变革,在一定的范围内,也是经历了集权—分权或收权—放权的循环变化过程。但无论怎样变动,浙江省财政体制基本是一个"集权为主、分权为辅"的统收统支财政体制。统收统支财政体制对增强中央政府的财力和宏观调控手段是极其有效的,但中央集权体制和高度集中的国家计划,也控制了地方政府发展经济的途径,弱化了地方政府的激励,一定程度上抑制了地方经济和财力的增长,其弊端也是显而易见的(翁礼华,1999)。

1.2.2 宁夏

统收统支时期的宁夏财政体制,也是随着中央财政体制的变革,有了相应三轮较大调整(参见表 1-2)。与浙江不同,中央 1954 年出台了民族自治地方的财政政策。

表 1-2　统收统支时期宁夏地区财政体制的变革（1950—1979 年）

时期	体制	财政体制的主要内容
1950—1952 年	统一收支	1950—1952 年，省对市、县实行统收统支，一切财政收入上缴，财政支出逐级下拨。市、县尚未建立一级财政。从 1950 年起，西北大区财政部规定在不超过国家公粮 15％的范围内，由县（市）人民政府随国家公粮征附加，作为地方粮。1952 年，宁夏省对各项收入进行划分，①农业税超额部分实行留成办法，以县为单位，10％上交中央，15％上交大行政区，24％上交省，30％留县。1952 年下半年，在中卫、金积两县进行县级财政预算管理体制改革试点，②农业税超额部分实行分成，50％留县。
1953—1957 年	统一领导、划分收支、分级管理	1953 年，宁夏开始实行中央、省、县（市）三级财政体制，全省除额济纳旗、阿拉善旗外，其他 2 市、13 县全部建立起县（市）级财政，在划分收入支出范围基础上，③实行"划分收支、分项管理"办法，凡支大于收者，由省财政补助。1954 年，省对所辖民族自治地方还建立了民族地方财政体制。根据"统一领导、分级管理"原则，采取各自治地方统收统支办法，除关税、盐税和国营企业收入外，所有该地方的一切收入归其统收，一切支出归其统支。收支相抵，有余者上缴，不足者由省补助。内蒙古自治地方与河东自治地方各设立相当于专区一级的总预算，所辖地区成立县一级预算，负责县（市）旗境内的全部收支，其财政管理直接受省财政厅领导。④ 1955 年，甘肃省对县、市试行"划税平衡预算"办法，除将地方固定收入按各级收入划给县、市外，对工商营业税、工商所得税和农业税等项收入，

①　将农业税附加、房地产税附加、公用事业收入附加等划归乡村地方收入。

②　规定全部划归县级收入的有：县级以下行政收入、公产收入、各项税收附加收入（包括农业税附加、工商税附加、房地产税附加、公用事业附加）、契税及县以下各项事业收入，乡镇的"三反五反"收入和"小公家务"交回收入。

③　县市财政固定收入：屠宰税、交易税、城市房地产税、契税、特种行业消费税、车船使用牌照税（银川、吴忠两市还有利息所得税、印花税），县（市）地方企业收入，行政、事业、公产、其他收入及上年结余。

县市财政支出：按行政、事业单位和隶属关系划分，包括教育文化卫生事业费、农村救济及抚恤事业费、银川市建设费、行政管理费、党团补助费及其他支出。各县农场、苗圃经费由省农林厅统一拨款。

④　内蒙古自治地方收入，有印花税、利息所得税、屠宰税、牲畜交易税、城市房地产税、文化娱乐税、车船使用牌照税、契税、工商营业税、工商所得税、货物税、商品流通税，区级企业、事业收入及行政、公产、其他收入。阿拉善旗、磴口县收入，有农业税、牧业税和县乡镇（巴格）的行政、公产及其他收入。河东回族自治地方与所辖金积、灵武、吴忠、同心各县、市的收支，由省财政与各县商定，报省批准后执行。两个自治地方的支出预算，除公安业务费、水利支出暂由省级主管部门负责开支外，其他一切支出均由各自治地方负责统支。

续表

时期	体制	财政体制的主要内容
		按固定比例分成，以弥补县、市的收支差额，减少上级补助。①1956年和1957年基本情况大体相同，只是固定比例分成略有调整。②
1958—1970年	收支适当下放、归口包干、自留预备费、年终结余不上缴	1958年，宁夏回族自治区成立。暂时维持甘肃省原收支划分规定外，作了一些小的调整。③ 以1957年为基数，按照收支划分范围，核定市、县1958年预算收支指标，收大于支的上交自治区，支大于收的由自治区补助。同时，为使市、县能机动安排各项支出，采取总额控制办法，项目间可酌情调剂。1959年，推行"收支适当下放、归口包干、自留预备费、年终结余不上缴"的财政体制。④ 1960年，实行民族自治区地方财政管理体制。1961年，财政收支指标和补助数额每年核定一次，坚持收支平衡，不打赤字预算。1963年起，实行"核定收支、总额计算，多余上交，不足补助，一年一定"办法。

---

①　在收入划分上，由于县（市）情况不同，也曾作过不同规定：工商营业税方面，银川、中宁、平罗、永宁、宁朔等市、县全部解省；中卫、惠农两县各留县50％和80％，河东、西海固回族自治州和泾源自治县全留地方；工商所得税，银川、永宁、宁朔等县全部解省，自治州、县和其他市、县全留；农业税除统一上交中央20％以后，对西海固、河东回族自治州、泾源自治县80％留自治地方，其余市、县留30％，上交省50％；调剂收入中的商品流通税，自治地方全留，其余市、县全部上交省；上年结余收入，除跨年度未完成工程和核定周转金留归县、市外，余者交省。

②　具体为：工商营业税，1956年全留市、县和自治州，1957年银川留75％，上交省25％；工商所得税，1956年、1957年全留市、县；农业税，一般市、县留30％，交省50％；商品流通税、货物税，1956年、1957年自治州全留，一般市、县全部交省。

③　将原来划分的固定收入全留市、县，包括印花税、利息所得税、屠宰税、城市房地产税、牲畜交易税、文化娱乐税、车船使用牌照税，市、县企事业收入及其他收入。调剂收入，以平均比例30.55％划给市、县，国营企业分成收入，以10％的比例划给市、县；农业税附加，按原划分比例，除陶乐、泾源、同心、盐池、吴忠等5县、市实行全留外，其余市、县均按85％留市、县，15％上交自治区（固原专区4县上交自治区15％部分，留归专署掌握使用）。财政支出划分为正常支出与专案拨款。正常支出，包括经济建设支出、社会文教支出、抚恤和社会救济费、行政管理费、其他支出等。专案拨款包括重大灾荒救济、防洪堵口，以及国家计划大规模移民经费、基本建设投资和企业定额流动资金等。

④　具体办法为：财政收入除1958年已划给市、县的企事业收入、地方税和其他收入外，另将工商所得税、牧业税、公债收入和农村人民公社的工商统一税均划给市、县作为固定收入；财政支出除原划定的正常支出外，另将县所属企业增拨的流动资金、基本建设投资，划作县、市财政支出。根据收支划分的范围计算，凡收大于支的市、县，多余部分按计划上交，凡收小于支的市、县，其不足部分，由自治区按计划弥补。在此基础上，由市、县包干，多收多支，少收少支，结余留用。这种财政体制进一步扩大了市、县固定收入范围，调动了市、县开辟财源，组织收入的积极性。

续表

时期	体制	财政体制的主要内容
1971—1979 年	定收定支、收支挂钩、超收分成、结余留用、一年一定和固定比例分成	1968 年,改为"收支两条线"的算账办法。1969 年和 1970 年,实行"定收定支、收支挂钩、总额分成"办法。按照自治区下达的预算收支指标计算,支出大于收入的部分,由区级补助,收大于支的多余部分,总数上交自治区,超收部分按比例分成。分配各地的基本建设资金结余,一律交回自治区。
		1971 年,自治区对固原地区和各市、县、旗实行"定收定支,保证上缴或差额补贴,收支包干,结余留用"的办法,超收和支出结余,全留各地自行安排。固原地区建立一级财政,所辖 5 县的财政收支,统由地区包干。1974 年,自治区对市、县继续实行"定收定支,收支挂钩,超收分成,结余留用,一年一定"办法。以核定总额计算,收大于支的部分,按季上交自治区;支大于收的差额,由自治区分次补助。① 1978 年,开始将超收收入的全部或大部分留给市、县、旗,银川、石嘴山自留 80%,其余市、县、旗全留。1979 年,对市、县、旗实行财政分成办法。根据各地的不同经济、财政状况,分别确定不同的分成比例。同年,对县旗工业实行利润留成办法,以县为单位,盈利企业利润的 70% 留县、旗,30% 纳入预算;亏损企业的亏损额,20% 从县、旗留成中弥补,80% 纳入预算。

资料来源:宁夏通志编纂委员会:《宁夏通志十》(财税金融卷),方志出版社,2009 年版。

从表 1-2 中可以看出,统收统支时期的宁夏财政体制变革,总体上经历了西北大区财政和自治区财政建立与完善的过程。在一定的范围内,也是经历了集权—分权或收权—放权的循环变化过程。随着"三线"建设的扩大,大批企业迁入,宁夏地方财政收入明显回升,而支出也逐年增加。

1.3 分灶吃饭时期

高度集权的财政体制不利于地方政府和企业发挥积极性,与此同时,由于计划体制在资源配置过程中的效率低下,国家财政在 1976 年和 1977 年出现

---

① 市、县收入超收,区别不同情况,采取"分档分成"办法。以自治区核定总额为准,银川、石嘴山市超收在 100 万元以内,全部留市,超过 100 万元以上的,区、市按"五五"分成;吴忠、青铜峡、平罗超收在 50 万元以内全留,超过 50 万元的,采取"四六"分成(上交自治区40%);其余县、旗超收在 30 万元以内的全留,超过者采取"三七"分成(上交自治区 30%)。地方机动财力的使用,大体上应有 70% 用于发展农业生产、老企业技术改造和补充流动资金。核定各市、县、旗的财政收文指标,除基建拨款、城市人口下乡安置费和流动资金等专项支出不得调剂外,其余各项支出均由各地统筹安排,调剂使用,坚持收支平衡,不打赤字预算。

大量赤字,财政入不敷出日益严重。所以从 1977 年开始在一些省份探索财政
分权,实行分灶吃饭,给地方政府一定的财政税收权力和支出义务(翁礼华,
1999)。1978 年党的十一届三中全会之后,随着各级政府工作中心开始调整到
经济建设,促使财政体制从 1979 年起进行包干试点,1980 年开始全面打破传
统的统收统支、收支脱节的格局,进入了增加地方财力,扩大地方自主权力和
自有财力的空间,充分调动地方政府积极性的"分灶吃饭阶段"。1980 年开始
"分灶吃饭",直至 1993 年的财政包干制期间,实行中央与地方政府的财政分
权体制,地方政府对增量部分的边际税收提留率很高,以企业包干制和地方包
干制为特征的财政体制为企业和地方政府带来了发展经济的很强激励。

1.3.1   浙江

1980—1993 年的分灶吃饭时期,浙江省对市县的财政体制经历了四次
变革(参见表 1-3)。

表 1-3   分灶吃饭时期浙江省财政体制的变革(1980—1993 年)

时期	体制	财政体制的主要内容
1980—1984 年	划分收支、分级包干	按照中央对浙江省的划分收支范围和分成比例的确定,省政府决定省与市(地)、县(市)实行两级包干。在财政收支范围划分的基础上,①以 1979 年 12 月 31 日收支执行数为基数,经调整后确定。凡地方收入大于支出的,多余部分定额上缴;支出大于收入的,不足部分从工商税 13% 的范围内按比例留给;有的地、县工商税 13% 全部留用后,收入仍少于支出的,不足部分由省财政给予定额补助。上缴和补助数额确定后,原则上五年不变。凡市(地)、县(市)当年收入比包干基数增加的部分,有上缴任务的市(地)、县(市),30% 缴省,70% 留用;由省补助的市(地)、县(市)全部留用。

①   各级财政收入划分:省属的企业收入、省级的其他收入。按规定应上缴省地方收入
以及有上缴任务的市(地)、县(市)工商税中的 13% 归省级财政收入;市(地)、县(市)属的企
业收入、盐税、农业税、工商所得税、其他工商税和其他收入(以上 6 项收入应扣除按规定需
上缴省的收入和留归地方财政的县属工业分成收入部分),省补助地、市、县的收入,以及从
留省的工商税中补助给县的部分,归市(地)、县(市)级财政收入。各级财政支出划分:省统
筹安排的基本建设投资、地方企业流动资金、省下达项目的挖潜改造资金和新产品试制费、
支援人民公社投资、社队造林补助、水产养殖补助费、公社开荒经费、重点小型水利一次性补
助、防汛岁修经费,以及省直属的事业和省级机关行政经费,归省财政开支;各市(地)、县
(市)除中央和省拨款以外,各项支出均按企业、事业、行政单位隶属关系,分别归市(地)、县
(市)级财政开支。

续表

时期	体制	财政体制的主要内容
1985—1987年	划分税种、核定收支、分级包干	在与原体制衔接,重新划分收支范围,调整收支基数基础上,以工商税(指原产品税、增值税、营业税)为调剂收入,工商税以外的地方收入(不含专项收入)为固定收入,参照"划分收支、分级包干"办法核定各市县的上交定额、调剂比例和补助定额,实现三种不同形式的体制。同时对定额上缴县市的地方收入实行包干基数定比增长分成,对工商三税实行滚动增长分成和城乡集贸市场的工商三税采取超基数增长分成办法。全省79个市县中,实行定额上交29个,调剂分成34个,定额补助16个。
1988—1991年	递增上交、超收分成	(1)确定10个市核定的递增比例为6%,其余42个市(地)、县(市)为6.5%。(2)对收入超过递增上缴比例的部分,大部分归市(地)、县(市),小部分缴省。具体分为:收入超过核定的递增绿但不足12%的部分,90%留市(地)、县(市),10%上缴省;收入递增率超过12%的部分,80%留市(地)、县(市),20%上缴省。收入增长达不到省核定递增上缴比例的市(地)、县(市),其不足部分由市(地)、县(市)用自有财力补足。(3)对原定补助县,按调整后的收支基数计算差额,重新核定补助数额,并按不同经济情况核定补助递增比例。
1992—1993年	"分税制"试点体制	(1)以1989年收入决算数为基数;支出基数以1989年市县按包干体制应得财力为基础,在进行必要的因素调整后确定。(2)市县级固定收入加共享收入,与支出基数比,收大于支,换算为1991年上解数后,从1992年起一律按5%递增包干上解;支大于收,从1992年起,由省给予定额补助(有22个市县),其中6个贫困县仍按照原体制规定,每年给予6%~10%4个档次的递增。(3)省对市县试行该体制期间,实行保不吃亏政策,即按照"分税制"体制与原包干体制计算可用财力,市县如少得一块,年终由省财政补足;如多得一块,全部归市县留用。(4)对原实行固定比例分成、专项收入、外贸亏损补贴和粮食亏损补贴等仍按原来办法实行。

资料来源:翁礼华主编:《浙江省财政税务志》,中华书局,2002年版;翁礼华著:《五十而知天命——财税改革随笔》,中国税务出版社,1999年版。

从表1-3中可以看出,分灶吃饭时期的浙江省财政体制开始了对县市的政府间财政分权,不但从财政收入范围上扩大了县市的收入,也增强了县市对自有财力的支配权力,极大地改善了企业和地方政府的激励条件。在此期间,浙江省在市场化进程中出现了大量制度创新,以农村工业化为主体的县域经济保持了快速稳定的增长,使得浙江经济成为全国制度创新和经济发展的先行地区。然而,在分灶吃饭时期的财政体制,一方面,由于地方政府实际拥有税收征管的控制权,有着很强的保留税收自用的激励,对中央政府财力和国家对宏观经济的调控能力受到了一定程度的影响;另一方面,各级地方政府在经济发展过程中的减免税政策,一定程度上也影响了全国统一的规范的税制建立。

1.3.2 宁夏

1980—1993 年的分灶吃饭时期,宁夏回族自治区对市县的财政体制经历了两轮较大调整(参见表 1-4)。

表 1-4 分灶吃饭时期宁夏回族自治区财政体制的变革(1980—1993 年)

时期	体制	财政体制的主要内容
1980—1984 年	划分收支、分级包干、一定五年	1980 年,按照"分级包干"体制的要求,重新调整了市、县收支范围。① 财政收支包干指标,一律以 1979 年预算执行数为基数,凡是固定收入大于支出的市、县,多余部分按规定比例上交自治区;支出大于固定收入的市、县,不足部分从工商税中核定比例调剂。如将工商税全留市、县仍然小于支出的,由自治区给予定额补助,每年递增 10%,一定五年不变,超收全留市、县。② 1981—1984 年,继续执行"分级包干"体制。其间,由于收支上下划转等因素影响,对市、县工商税调剂分成比例和定额补助也进行了相应的调整。③

---

① 收入范围划分:市、县固定收入,包括所属企业收入、农牧业税、盐税、工商所得税和其他收入;工商税作为自治区和市、县的调剂收入。支出范围划分:市、县财政支出,包括所属行政事业单位的行政事业费,市、县企业新产品试制费,支援农村人民公社支出,抚恤和社会救济费,国家预算内统筹基建投资,自治区自筹基建投资,企业挖潜改造资金,其他支出。"五小"企业技术改造补助和流动资金等均不列入市、县支出预算基数,由自治区专项划拨。

② 银川、石嘴山、吴忠、青铜峡、灵武等 5 市、县支出大于固定收入,以工商税调剂,市、县调剂留成比例:银川 37.8%,石嘴山 35.9%,吴忠 64.8%,青铜峡 65.1%,灵武 80.3%。其余 15 个地县均系支大于收,实行定额补助,当年定额补助 8300 万元。

③ 1982 年,中央将借款改为调减支出基数后,自治区对部分市、县的支出基数、调剂收入分成比例和定额补助进行了相应调整。1984 年的留成比例调整为:银川 45.2%,石嘴山 34.6%,青铜峡 40%,灵武 74.2%。吴忠因烟酒税上划中央,调减收入基数,改为定额补助。

续表

时期	体制	财政体制的主要内容
1985—1993年	划分税种、核定收支、分级包干、一定五年	为适应第二步"利改税"改革的要求,从1985年起,调整了市、县收支范围。[①]市、县固定收入大于支出的,实行"收支挂钩,总额分成,一定五年"的办法,按照总额分成比例办理留交;地方固定收入小于支出的,其不足部分,由自治区定额补助,并且每年递增10%。五年内收入增长部分,上交市、县按分成比例留交,补助市、县全留地方,支出结余归市、县安排使用。全区只有两个市实行"总额分成",银川留成为49.1%,石嘴山为66.3%。其余地、市、县均属定额补助,当年补助总额为1.48亿元。县办工业利润提取留成比例,从1985年起停止执行,利润全部纳入县级预算,原用留成资金安排的支出,相应增列预算支出基数。

资料来源:宁夏通志编纂委员会:《宁夏通志十》(财税金融卷),方志出版社2009年版。

1980年,中央在核定宁夏收支基数的基础上,确定定额补助,并给以每年递增10%的特殊照顾。分灶吃饭时期的宁夏回族自治区财政体制也开始了对县市的政府间财政分权,只是力度稍弱。1986年,吴忠、灵武、平罗、青铜峡、贺兰等5县市提前实现收大于支,改变了财政补贴县面貌。从1988年起,中央为解决暂时的财政困难,取消对宁夏的定额补助递增10%的照顾。这使宁夏地方财政收支矛盾变得突出起来,地方财政连续出现赤字。从1991年起,在中央补助变化不大的情况下,宁夏的地方财政收入实现了连续增长,特别是1993年增长较快(杨国林,2008)。

1.4 分税制时期

1980—1993年,中国出现持续性的高速经济增长,国内生产总值平均增长率为9.5%。但是,经济的高速增长并没有带动和促进国家财力的同步增长,税收收入的增长速度明显落后于税源的增长速度。一方面,财政收入占GDP的比重逐年下降,从1979年财政收入占GDP的比重为28.4%,到

---

① 收入范围划分:市、县级固定收入,有集体企业所得税,市、县级企业调节税,产品税、增值税、营业税、资源税,供销社和中外合营企业工商税,农业税,个人所得税,车船使用牌照税,城市房地产税,屠宰税,集市交易税,契税,税款滞纳金,城市维护建设税以及市、县级其他收入。支出范围划分:仍按隶属关系,包括地方自筹基建投资、支援农业支出、城市维护费、农业水利事业费、工交商事业费、文教科学卫生事业费、行政管理费和其他支出。对于不宜实行包干的专项支出,由自治区专项拨款。

1993 年已经下降到 12.6%；另一方面，中央财政收入占全国财政收入的比重也由 1979 年的 46.8% 下降为 1993 年的 31.6%，中央财政的收支必须依靠地方财政的收入上解才能平衡。这一状况在很大程度上导致了中央政府调控能力的弱化和中央财政的被动局面，宏观政策意图的贯彻难以得到充分的财力保证（楼继伟，2013）。在此背景下，意在提高财政收入占 GDP 比重和中央财政占全国财政收入比重的分税制财政体制改革开始推行。①

1.4.1 浙江

与此同步，1993 年，根据国务院《关于实行分税制财政管理体制的决定》，浙江省在理顺中央与地方财政关系，明确中央与地方收支的划分及税收返还数额基础上，结合浙江省各市（地）、县（市）的实际情况，按照规范、简便和公正的要求，确定了省与市（地）、县（市）财政关系的实施原则。

具体为：一是既保证省有一定的调节能力，又使市（地）、县（市）有实力继续加快发展。二是维持各市（地）、县（市）现有利益格局不变，适当调整增量部分；既注意保护经济发达地区的积极性，又注意全省各地区间的总体平衡。三是坚持财政税收体制的规范性，按统一办法规范省与市（地）、县（市）的财政分配关系（翁礼华，2002）。分税制时期的浙江省财政体制调整的具体内容，参见表 1-5 和表 1-6。

---

① 值得进一步研究的是，如果说中央财政的难以为继，是催生分税制出台的直接因素的话；那么，具有过渡性质的"财政包干制"与"条块分割"按照行政隶属关系控制企业的旧体制相结合所造成的重重积弊，则是分税制改革不得不改的更深层次的原因。一方面，这种中央地方"分灶吃饭"的体制给予了地方政府投资权和财政收入处置权的扩大，使得地方政府投资动机空前高涨；而另一方面，"条块分割"地按照行政隶属关系控制企业的旧体制，又使得按照行政级别排队的企业领导、各级官僚包括中央主管部委，更多地形成了各自局部化的利益共同体，而更多致力于凭借或依附于行政权力来增加局部利益，也极易形成明显的互相竞争，而对企业和地区经济发展的"包盈不包亏"更进一步促成了盲目开发和重复建设。

表 1-5　分税制时期浙江省财政体制的收支范围划分

范　围	主要内容
省级财政收入	(1)省属(包括联营、股份制和三资企业)增值税的 25%,营业税(包括省及省以下各级银行、保险公司的营业税),所得税,上缴利润。(2)省级个人所得税、遗产和赠与税。(3)省级单位缴纳的城镇土地使用税、印花税、屠宰税、土地增值税、其他收入、排污费(列专项收入)等。以上不含按省规定已列为市(地)、县(市)的收入。
市、县财政收入	(1)市(地)、县(市)企业增值税的 25%部分和营业税。所得税和上缴利润。(2)市(地)、县(市)属单位和个人缴纳的其他税收:个人所得税、城镇土地使用税、固定资产投资方向调节税、房产税、车船使用税、印花税、屠宰税、农业税、农林特产税、耕地占用税、契税、遗产和赠与税、土地增值税、资源税(不含海洋石油资源税)、国有土地有偿使用收入、其他收入、城市维护建设税(包括中央和省属企业缴纳的)、排污费(列专项收入)等。①
省级财政支出	省级行政管理费,公检法支出,部分武警经费,民兵事业费,省统筹的基本建设投资,省属企业的基数改造和新产品试制费,由省财政安排的支农支出,省本级负担的文化、教育、卫生、科学各项事业费,价格补贴支出以及其他支出。
市、县财政支出	市(地)、县(市)包括:市(地)、县(市)行政管理费,公检法支出,部分武警经费,市(地)、县(市)企业的基数改造和新产品试制经费,支农支出,城市维护和建设经费,市(地)、县(市)文化、教育、卫生等各项事业费,价格补贴支出以及其他支出。

资料来源:翁礼华主编:《浙江省财政税务志》,中华书局 2002 年版;翁礼华著:《五十而知天命——财税改革随笔》,中国税务出版社 1999 年版。

---

①　其他各项收入(包括收入退库)按隶属关系原属中央收入的,仍作为中央收入;原属省级收入的,仍作为省级收入;原属于中央、省和市(地)、县(市)按比例分成的收入(主要是教育附加、能交基金和预算调节基金),仍作为中央、省和市(地)、县(市)按固定比例分成收入。

表 1-6　分税制时期浙江省财政的基数与上解体制

名称	主要内容
县市地方财政收入返还基数	为保持地方既得利益的格局,省对市(地)、县(市)收入返还数额以 1993 年中央从市(地)、县(市)净上划的数额(即消费税＋增值税 75％部分＋非银行金融企业所得税－中央和省下划收入)为参照。1993 年中央净上划全额返还给市(地)、县(市),并以此作为以后省财政对市(地)、县(市)的收入返还基数。1994 年以后,收入返还额在 1993 年基数上逐年递增,递增率的计算与中央对省的计算办法一致。如果 1994 年以后中央净上划收入达不到 1993 年基数,则应扣减税收返还数额。
县市的两税返还基数与上解体制	在划分税种和确定基期年基数的基础上,以市(地)、县(市)1993 年上划中央财政的收入为基数,省财政对市(地)、县(市)的税收返还递增率,与该市(地)、县(市)上划中央大收入增长率挂钩,挂钩比例按 1：0.3 确定。市(地)、县(市)按 1：0.3 系数递增的税收返还数,比基期增加的部分,省与市(地)、县(市)按二八比例分成,省得 20％,市(地)、县(市)得 80％。对少数贫困县和海岛县作适当照顾。
县市财政收入增收上解体制	地方财政收入基数,按 1993 年地方决算总收入扣除固定比例分成收入(包括能源交通重点建设基金、预算调节基金、教育费附加收入)、专项收入(排污费收入)、中央和省上划收入后的数字核定。从 1994 年起,市(地)、县(市)财政收入比基数增长部分,省与市(地)、县(市)按二八分成,省得 20％,市(地)、县(市)得 80％。对少数贫困县和海岛县作适当照顾。

资料来源:翁礼华主编:《浙江省财政税务志》,中华书局 2002 年版;翁礼华著:《五十而知天命——财税改革随笔》,中国税务出版社 1999 年版。

1994 年建立以分税制为基础的分级财政管理体制,初步理顺了中央与省级之间的财力分配关系,也淡化了政府与企业的行政隶属关系控制,建立了全国统一的中央与省级财政的体制平台。但是仍存在着省以下财政体制尚未理顺和转移支付的规模和规范性不够的问题。从表 1-5 和表 1-6 中可以看出,分税制时期的浙江省财政体制是在分灶吃饭时期基础上,进一步理顺了省与市县之间的财政关系,通过调整财政收入增量,既保证了省级财政有一定的调控能力,也通过对市县的财政分权,为地方政府发展经济和财力增长提供了较好的激励,促进了省内区域经济的发展。在此基础上,浙江省从 1995 年开始逐步完善省以下财政体制,通过"抓两头带中间"、"两保两挂"和"两保两联"等激励性和均等化等转移支付财政政策,逐步建立起较为激励相容的省以下财政体制框架(翁礼华,1999,2002)。2003 年,浙江省在财政收入范围划分进行了微调,把市县行政区划内的国有商业银行和电力企业的税收归为省级财政收入,但基本的体制框架并未发生根本性的改变。

1.4.2 宁夏

宁夏回族自治区从 1994 年开始实施分税制(参见表 1-7 和表 1-8),先后经历了以下几个阶段:一是 1994 年分税制改革。自治区人民政府制定下发了《关于实行分税制财政管理体制若干规定的通知》,决定从 1994 年 1 月 1 日起全区各地、市、县实行分税制财政管理体制,并制定了配套的改革措施。二是 1996 年对分税制体制的调整。根据分税制体制运行两年中存在的问题,为了更好地调动自治区与市县两个积极性,自治区人民政府下发了《关于调整分税制财政管理体制的通知》,对自治区与市县部分税种的分享比例作了进一步的调整。三是 2002 年所得税改革。按照中央所得税分享改革要求,通过两年的时间,自治区对企业所得税、个人所得税打破隶属关系,实行了中央、省、市县三级共享。四是 2004 年重新确定区属增值税企业户数。在深入调研的基础上,自治区下文重新明确了 31 户区属增值税企业户数,对区属收入的范围和户数作了进一步明确,分税制体制进一步完善(财政部预算司,2006)。

表 1-7 分税制时期宁夏回族自治区财政体制的收支范围划分①

范围	主要内容
省级财政收入	增值税的 25% 部分(75% 归中央);金融保险业营业税;区属企业所得税(包括上缴利润);固定资产投资方向调节税;国有土地有偿出让收入;资源税;土地增值税;证券交易税 50%(另 50% 归中央)。中央按增值税、消费税增长返还地方的 1:0.3 部分,留归自治区本级。
市、县财政收入	营业税(不含金融保险业缴纳的部分)、市县级企业所得税(包括上缴利润)、个人所得税;城市维护建设税;车船税;屠宰税;农牧业税;农林特产税;耕地占用税;契税;遗产税;印花税。
共享收入	企业所得税、个人所得税、房产税、土地使用税、资源税。企业所得税、个人所得税除中央分享部分外,区级和市县各分享 50%;房产税和土地使用税区级分享 30%,市县 70%;资源税自治区和市县各分享 50%。

---

① 表 1-7 中的财政体制具体内容仅指宁夏在 1994 年分税制改革时的内容,具体请参见《宁夏回族自治区人民政府关于实行分税制财政管理体制若干规定的通知》。此后,宁夏省以下财政体制又经历了几次调整。

范围	主要内容
省级财政支出	在事权的划分上,按照"财权和事权相统一的原则",对涉及自治区本级行政事业单位人员经费、公用经费和涉及自治区境内整体性、重大性领域的建设、发展事业,由自治区财政承担。
市、县财政支出	市县级行政事业单位人员经费、公用经费和涉及市县境内的建设发展事业,由市县级财政承担。

资料来源:财政部预算司编:《中国省以下财政体制 2006》,中国财政经济出版社 2007年版。

表 1-8　分税制时期宁夏回族自治区财政的基数与上解体制①

名称	主要内容
市县级税收返还数额的确定	区级财政对市县的税收返还数额以 1993 年为基期年核定。按照 1993 年市县实际收入、税制改革以及中央、区级、市县级收入划分情况,核定 1993 年中央与区级从市县净上划的收入数额(1993 年市县财政收入中中央与区级上划收入的总额－区级下划市县的收入总额)。对 1993 年中央与区级从市县净上划的收入数额,全额返还市县,保持市县既得财力,并以此作为对市县的税收返还基数。如果 1993 年以后市县上划的收入达不到上年基数的,要相应扣减对市县的税收返还基数。
县市的两税返还基数与上解体制	对 1994 年以后自治区上划市县增值税 25％部分的税收入返还额,在 1993 年基数上逐年递增,递增额按比上年增长部分,区级与市县五五分成,每年年底结算后,返还市县。对国务院与自治区明令禁止的、采取不正当手段的非正常收入,如清理"死欠"、转移科目、寅吃卯粮、造假账等增加的虚假收入,一律从 1993 年自治区对市县的税收返还基数中扣除。②

资料来源:财政部预算司编:《中国省以下财政体制 2006》,中国财政经济出版社 2007年版。

此外,宁夏回族自治区自 2000 年开始实行过渡期转移支付办法,2002年,在总结前几年经验的基础上,根据客观形势的发展,对原过渡期转移支付办法进行了修订,制定了《一般性转移支付办法》,2006 年对该办法又作了

---

① 表 1-8 中的财政体制具体内容仅指宁夏在 1994 年分税制改革时的内容,具体请参见《宁夏回族自治区人民政府关于实行分税制财政管理体制若干规定的通知》。此后,宁夏省以下财政体制又经历了几次调整。

② 其中,银川市与石嘴山市,从 1994 年开始,停止执行总额递增分成办法,完全按新体制运行。对因分税制改革造成新体制下收入减少的部分,自治区将以 1993 年为基数,给予税收返还;银川高新技术产业开发区、隆湖开发区等各类开发区,劳改劳教所给予的税收优惠政策,从 1994 年起停止执行,按新体制运行。

进一步的调整完善。区一般性转移支付办法遵循稳定增长、综合调控、规范公平和增量调节四个原则,运用规范的公式化方式操作,以各地标准财政收支差额作为计算转移支付的依据。由于宁夏为少数民族自治区,不再单独设立民族地区转移支付资金,将民族地区转移支付与一般性转移支付合并,统一设立一般性转移支付资金,并统筹其他财力性补助资金,增加一般性转移支付资金规模(财政部预算司,2006)。

1.5 小结

新中国成立以来,我国中央财政体制的历史沿革主要经历了统收统支、分灶吃饭和分税制三个阶段,各个阶段又分别经历了不同次数的调整。受中央财政体制及其调整的影响,浙江和宁夏"省管县"财政体制也分别在统收统支、分灶吃饭和分税制三个阶段,经历了多轮次相应的调整,浙江在这些时期分别发生了八次、四次和两次较大调整,而宁夏则分别发生了四次、两次和三次较大调整。总体而言,新中国成立后统收统支时期省以下财政体制,是以"统"为主,基本都是定收定支,县市财政自主性与是否为省管县体制关系不大。到了分灶吃饭和分税制时期,省以下财政体制主要涉及政府间收支范围划分、分成比例确定和转移支付体系建立完善三大方面,省管县体制开始对县市财力产生影响。从浙江与宁夏的比较看,分灶吃饭时期开始两个省区都试图给予县市一定财政分权或补助等,来调动县市发展经济的积极性。但浙江相对分权力度更大,并在分税制之后较快建立起县市财政上解体制和转移支付体系,政府间分权逐步规范,形成了分类(发达与欠发达县市)指导的省级财政体制,加大了欠发达县市转移支付和激励的力度。

参考文献

[1] 财政部预算司.中国省以下财政体制(2006)[M].北京:中国财政经济出版社,2007.

[2] 贾康.地方财政问题研究[M].北京:经济科学出版社,2004.

[3] 刘仲藜.新中国经济 60 年(上下)[M].北京:中国财政经济出版

社,2009.

[4] 楼继伟.中国政府间财政关系再思考[M].北京:中国财政经济出版社,2013.

[5] 宁夏通志编纂委员会.宁夏通志十(财税金融卷)[M].北京:方志出版社,2009.

[6] 杨国林.宁夏经济体制改革30年[M].银川:宁夏人民出版社,2008.

[7] 王绍光.中国财政转移支付的政治逻辑[J].战略与管理,2002(3):47-54.

[8] 翁礼华.浙江省财政税务志[M].北京:中华书局,2002年.

[9] 翁礼华.五十而知天命——财税改革随笔[M].北京:中国税务出版社,1999.

[10] 吴云法.浙江省"省管县"财政体制研究[J].经济研究参考,2004(86):32-37.

[11] 项怀诚.中国财政体制改革[M].北京:中国财政经济出版社,1994.

[12] 谢旭人.中国财政改革三十年[M].北京:中国财政经济出版社,2008.

[13] 张占斌.政府层级改革与省直管县实现路径研究[J].经济与管理研究,2007(4):22-27.

2 分税制下浙江和宁夏财政省管县体制运行分析

财政体制稳定性很大程度上是财政分权对经济发展正激励效应得到发挥的重要前提。政府间财政分权具体包含财政体制收支范围的划分、分成比例和转移支付政策等主要方面。对于县市而言,政府间财政分权主要体现在国税上缴比例、省内财政分权比例和转移支付三个方面。分税制改革以保持存量利益不动调整增量的逻辑,来提高中央的比重,且在全国统一执行较为一致的制度框架。本章着重分析分税制下,中央—省财政体制改革对省以下体制、财力运行和转移支付的冲击与影响,并试图初步分析省以下财政体制稳定性的重要影响因素。研究表明同样是分税制下的省管县财政体制,浙江省以下财政体制比宁夏稳定度更高,其中省以下平衡性转移支付机制的建立和逐步完善是最主要的原因。

2.1 引言

中国的财政分权是在制度供给失衡的条件下进行的,政治集权体制是其中最为重要的原因(Liu et al.,2016;Bardhan,2002;Blanchard and Shleifer,2001;项怀诚,1994;陈抗等,2002)。一方面,政治集权通过中央财政体制的调整对省级财政体制形成冲击,从而间接影响到省以下政府间的财政分权(杨开忠、陶然、刘明兴,2003;张光,2009);另一方面,政治集权也通过省级财政体制的调整,以财源上解责任下划的方式直接影响了省以下政府间的财政分权(张闫龙,2006;谢旭人,2008)。对于县市而言,政府间财政分权主要体现在国税上缴比例、省内财政分权比例和激励性政策三个方面,制度供给失衡下的财源层层上解和支出责任层层下划,一定程度上导致了多数省份财政体制不稳定,以及县市和乡镇一级则陷入了财政赤字的问题(谭之博、周黎安、赵岳,2015;贾康,2004)。

从中国省以下的政府间财政体制运行现实来看,1994 年分税制之后,中央—省财政体制又经历了印花税、所得税和农村税费的三次调整。这直接导致多数省份进行了相应的省以下财政体制调整,来确保自身的财力,造成了省以下政府间财政分权的不稳定(贾康,2004;李萍,2006)。同时,地级市也通过体制调整来集中财源,进一步加剧了县市财政的困难(Rodríguez-Pose and Ezcurra,2010;张占斌,2005)。2003 年 6 月 25 日,国家审计署署长李金华在第十届全国人民代表大会常务委员会第三次会议上提交的数据显示,2001 年,在全国 2800 多个县(市)中,一般预算的赤字县共计 731 个,赤字面达到 35.6％,其中尤以中西部最为严重;截至 2002 年底,全国乡镇一级平均负债已经超过 400 万元,总额在 2200 亿元左右。

从中国财政体制改革的政策实践看,主流观点是分税制下"市管县"财政体制是造成县市基层财政困难的主要原因(张占斌,2005,2007);[1]相应对策是,推行省管县财政体制,通过减少政府层级来避免市对县市一级的集中,同时建立和完善省以下转移支付体系(楼继伟,2013;谢旭人,2008;贾康,2004;才国伟、黄亮雄,2010;傅光明,2006)。但值得指出的是,省管县体制改革到底是否有效解决县市、乡财政困难并提高省以下财政体制及其运行的稳定性,是当前中国学术界和决策界针对省管县财政体制所需要着重理清和研究的基本问题(贾俊雪、郭庆旺、宁静,2011;Cai and Treisman,2007;Zhuravskaya,2000;庞明礼、李永久、陈翻,2009)。本章以新中国成立以来一直实行省管县财政体制的浙江与宁夏为例(吴云法,2004),着重分析分税制下省管县财政体制的实际运行情况,并试图增进学界和政策界对这一主题的理解。

本章接下来部分的结构安排如下:2.2 节梳理分税制下浙江与宁夏中

---

① 他们认为在"市管县"的财政体制下,"市管县"模式削弱了县域经济的自主权,在经济利益上可能出现"市县争利",同时市级财政侧重于市区的发展,财政资源过度向中心城市集中。

央—省财政关系与运行情况;2.3节分析分税制下浙江与宁夏省以下财政关系及其运行情况,重点关注省以下财政体制的稳定度;2.4节分析分税制下浙江与宁夏省以下(特别是省直接对县市)转移支付体系及其运行情况;2.5节为本章的小结。

2.2 中央—省间财政运行分析

1994年分税制财政体制改革基本实现了中央的意图,中央财政收入占全国财政收入的比重,从1993年的22%,迅速提高到55.7%(见图2-1);同时,全国财政收入保持将近20%的增长率(见图2-3)。1994—2003年,我国财政收入年均增长17.4%,其中,中央收入增长16.1%,地方收入增长19.3%。10年间,我国财政实力不断增强,财政收入从分税制改革前的5000多亿元增加到如今的2万多亿元,全国财政收入占GDP的比重也由1993年的12.6%提高到2003年的18.6%。同时,2003年中央财政收入占全国财政收入的比重为54.6%,比1993年的22%提高了32.6个百分点(见图2-1)。

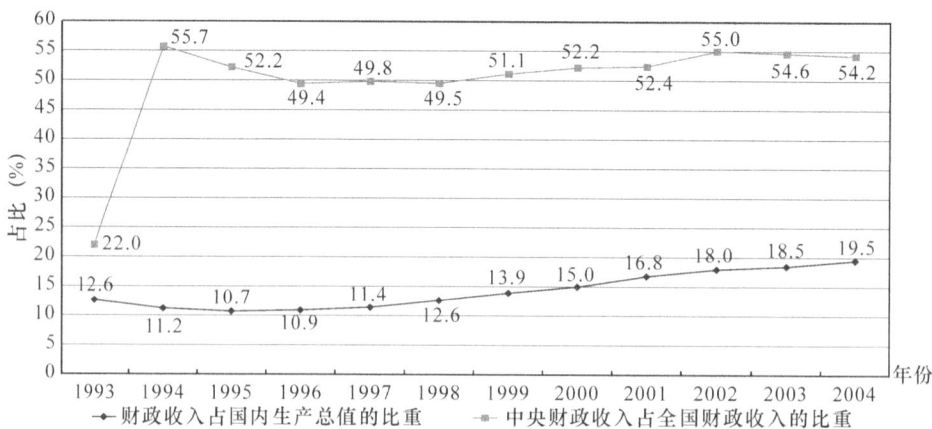

数据来源:根据1993—2004年各年的《浙江省财政统计年鉴》整理。

图 2-1　财政收入占GDP比重和中央财政收入占全国财政收入比重变化(1993—2004年)

值得注意的是,1994年分税制改革解决了两个比重提高的同时,中央从省及以下层级政府集中的财源,是通过全国基本统一的制度框架完成的。一方面,在分灶吃饭时期只有较低比例上解甚至困难补助地区,分税制之后都必须把增值税的 75% 和消费税的 100% 作为国税收入,上解中央财政;另一方面,中央在分税制之后的较长时期内,都没有建立真正意义上的转移支付体系,1995—1999 年的过渡时期转移支付,很大程度上受到政治稳定因素影响,主要转移支付到少数民族地区(王绍光,2002)。为了缓解财政和发展的地区间不平衡问题,中央政府进一步通过政治集权体制调整中央财政体制来集中财力:一是 1997 年、2000 年、2001 年、2002 年多次调整证券交易印花税中央与地方分享比例,从 50:50 改为 80:20,并将税率从 3‰ 调增到 5‰,增加的收入全部作为中央收入;从 2000 年起,分三年将证券交易印花税分享比例逐步调整到中央 97%、地方 3%。二是所得税体制改革,2002 年所得税收入中央与地方各分享 50%;2003 年以后中央分享 60%、地方分享 40%。中央因改革所得税收入分享办法增加的收入全部用于对地方主要是中西部地区的一般性转移支付。

分税制之后的中央财政体制对印花税和所得税分享体制调整,以及 2001 年开始的农村税费改革,中央集中了大税种和税收征管成本较低的税种,对各个省份的财政体制形成了冲击。由于不同省份和地区的税源富裕程度和结构不同,中央财政体制调整的冲击程度是不同的。分税制改革对以烟、酒产业为主的地区的冲击较大,此后印花税和所得税则是对几乎所有省份都形成了相当程度的冲击,而农村税费改革则是主要对农业占地区生产总值比重较高的地区和乡镇形成了较大冲击。

2.2.1 浙江

从图 2-2 和图 2-3 来看,分税制之后中央财政体制的历次调整,除了 2002 年所得税分享体制改革的冲击较大之外,其他几次的体制调整冲击并不是非常明显,浙江省的地方财政收入在地方财政总收入的比重基本稳定在 45%～50%。

具体来看,分税制之后中央财政体制历次调整对浙江省冲击较小,浙江省地方财政收入占财政总收入的比重能够保持稳定的主要原因在于:一是,由于浙江省经济发展特别是工业经济发展较快,分税制之后 1998 年开始有了所得税的较快增长,弥补了增值税和消费税增量部分上解的冲击;二是,2001 年农村税费改革开始推行时,浙江省农业经济的比重较低,农业税收占地方财政收入比重不大,并且浙江省在 2001 年之前就已经逐步开始减免不

同税费类型的农业税负;三是,21世纪以来,随着浙江省服务业发展的加快,营业税的增长保持快速,一定程度上缓解了所得税分享体制调整的冲击(翁礼华,1999,2002)。[①]

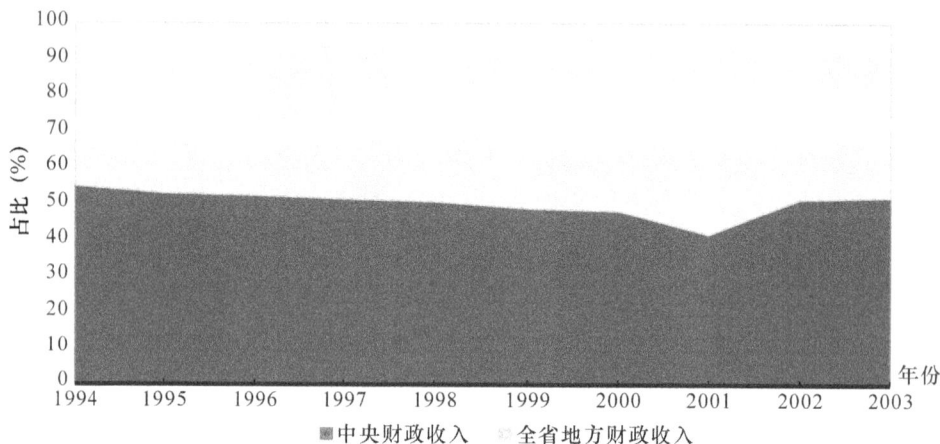

数据来源:财政部预算司编,《全国地市县财政统计资料》,中国财政经济出版社,1994—2003年。

图2-2　浙江省中央财政收入、地方财政收入占财政总收入的比例(1994—2003年)

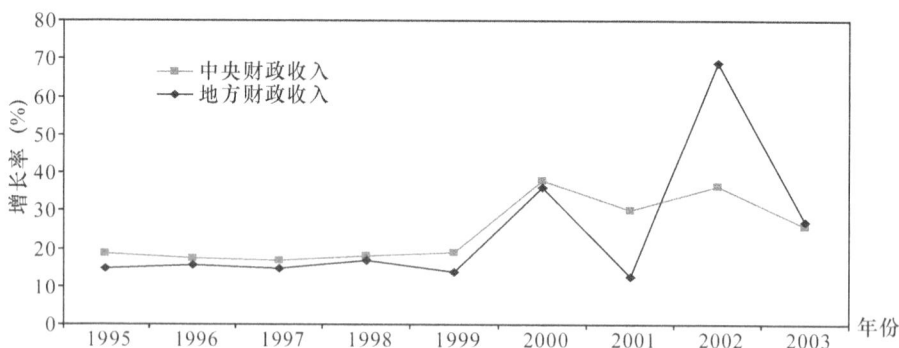

数据来源:财政部预算司编,《全国地市县财政统计资料》,中国财政经济出版社,1994—2003年。

图2-3　浙江省中央财政收入与地方财政收入的增长率(1995—2003年)

---

① 当然,政府间财政分权的国税上缴比重的稳定性检验还只是初步的;特别是对于国税上缴与县域经济发展的关系,还需要通过财政收入在中央与地方之间的上解、实际边际分成比例与经济发展的计量分析才能确定。

2.2.2 宁夏

1994 年分税制实行以来,中央财政体制的历次调整中,对宁夏冲击最大的是 2002 年、2003 年所得税分享体制改革,次之是农村税费改革,其他几次体制调整的冲击并不是非常明显。从中央和地方财政收入占比变化的总体情况看,宁夏地方财政收入在一般预算总收入的占比在 1994—2007 年期间略有上升,总体处于 52%～57% 的区间(见表 2-1)。这一变化趋势说明,中央—宁夏间财政分配关系还算稳定(宁夏通志编纂委员会,2009)。

表 2-1　1994—2007 年宁夏回族自治区财政收支情况

年份	一般预算总收入 (亿元)	财政支出 (亿元)	地方预算收入 (亿元)	地方收入占比 (%)	中央收入占比 (%)
1994	14.46	19.38	7.17	49.6	50.4
1995	17.26	23.00	8.98	52.0	48.0
1996	23.90	29.52	12.68	53.1	46.9
1997	26.53	33.63	14.07	53.0	47.0
1998	31.62	45.12	17.75	56.1	43.9
1999	33.63	49.53	18.84	56.0	44.0
2000	36.78	60.84	20.82	56.6	43.4
2001	43.38	93.58	27.57	63.6	36.4
2002	46.06	114.57	26.47	57.5	42.5
2003	53.35	105.78	30.03	56.3	43.7
2004	66.97	123.02	37.47	56.0	44.0
2005	87.02	160.25	47.72	54.8	45.2
2006	110.22	193.21	61.36	55.7	44.3
2007	144.40	241.49	80.00	55.4	44.6

资料来源:杨国林主编:《宁夏经济体制改革 30 年》,宁夏人民出版社 2008 年版。

值得注意的是,从表 2-1 可以看出,宁夏财政支出大于一般预算总收入(中央＋地方财政收入)。从宁夏得到中央财力性转移支付前后的比较可以看出,中央对宁夏转移支付的力度较大,几乎与宁夏地方预算收入形成 1∶1 的关系(见表 2-2)。[①]

---

①　事实上,宁夏财力性转移支付前的财力已经包含了中央的税收返还。

表 2-2　2001—2005 年宁夏回族自治区中央转移支付前后的财力变动情况

财力变动	2001 年	2002 年	2003 年	2004 年	2005 年	年均增长（%）
总财力（亿元）	56.95	62.15	70.92	89.63	114.2	14.9
转移支付前财力（亿元）	32.62	33.76	38.27	47.42	58.9	12.5
财力性转移支付（亿元）①	24.33	28.39	32.65	42.21	55.3	17.8
总人口人均财力（元）	1013	1086	1240	1567	1915	13.5
财政供养人口人均财力（元）	22100	23302	27276	33196	43283	14.3

资料来源：财政部预算司编：《省以下财政体制 2006》，中国财政经济出版社 2007 年版。

　　综合上述表明，1994 年分税制对宁夏的影响主要有：首先，从财政收入视角看，分税制前后中央与宁夏地方的占比有了很大变化，中央占比大幅上升而地方占比大幅下降（仍高于浙江），但中央与地方的收入占比关系还是比较稳定的。其次，中央对宁夏除税返以外的财力性转移支付力度较大，弥补了宁夏财政收支间越来越大的缺口。此外，分税制导致宁夏财政自主性大幅降低，其后历次中央财政体制调整，导致宁夏财政自主性越来越低，几乎降到 50% 左右的水平。

2.3　省内财政运行及其稳定性

　　1994 年的改革只对中央与省的收入进行划分，而未能制定一个省以下政府之间的收入分配框架，中央将省和省以下各级政府间的收入分成办法，留给省政府处理。全国的不同省份由于财源丰富程度和税源结构的不同，采用了不同的省以下财政体制来保证省级财政的财力。省级财政集中财力的渠道主要有两个：一是将主要行业或支柱产业收入划归省级，市县不参与分享，或者在共享税的设置上省分享比例占大头。二是省对税收返还增量

---

　　① 财力性转移支付包括：原体制补助、一般性转移支付、民族地区转移支付、调资转移支付、农村税费改革转移支付、取消农业特产税降低农业税率转移支付、县乡政府机构改革转移支付、结算补助及其他补助。

部分参与分成,或者对财政收入的增量部分参与分成。① 同样,地(市)也采用不同的方式对县的税收或与中央分享的税收以各种方式分享。

2.3.1 浙江

从浙江省财政体制的运行实践看(见图 2-4 和图 2-5),1994 年分税制之后,浙江省的政府间财政分权体制(特别是财政上解体制)基本保持稳定。具体来看,浙江省各县市的财政体制上解主要包含原体制上解和增收专项上解,其中原体制上解是分税制挂钩实行时候与中央对地方的税收返还基数相衔接产生的,1995 年以后保持不动,成为基数定额上解。②

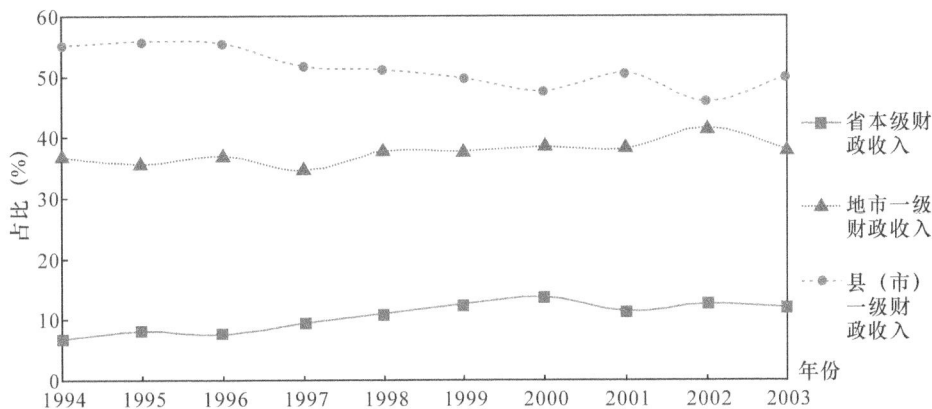

数据来源:财政部预算司编:《全国地市县财政统计资料》,中国财政经济出版社,1994—2003 年。

图 2-4 省本级、地市一级和县(市)一级财政收入占全省地方财政收入的比例(1994—2003 年)

---

① 目前省—地(市)、县的收入分成主要有这样几种形式:一是分税加共享。在按现行的税种划分各级固定收入的同时,设立省与市县共享税种,以保证省级财力的稳定增长。二是分税加增量提成。按税种划分各级固定收入,并对实现上划中央"两税"收入增量返还部分,省级财政进行适当集中。三是分税加共享和增量分成。在分税的前提下,既设立省与市县共享税种,又适当集中"两税"返还增量来增加省级财力。四是分税加增长分成。明确划分各级固定收入,对市县财政收入超基数增长部分,省与市县实行比例分成。

② 根据中央财政规定从 1995 年起取消上解地区原体制上解递增,省财政也同时取消了原体制实行递增上缴市(地)、县(市)上缴的递增,以 1994 年实际上缴为基数定额上缴。

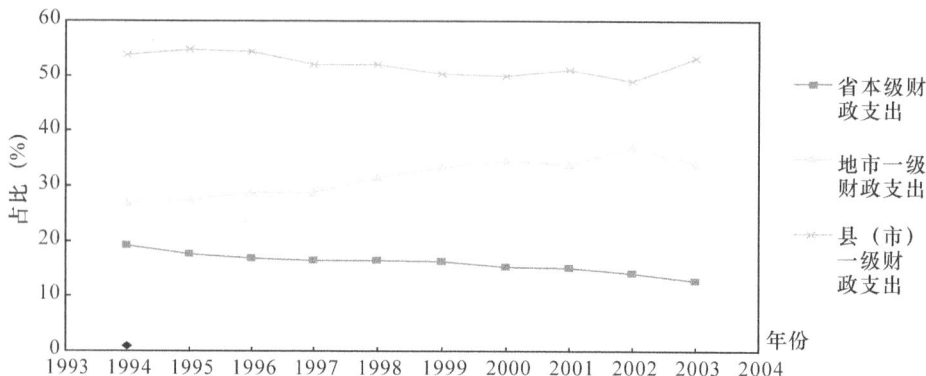

数据来源:财政部预算司编:《全国地市县财政统计资料》,中国财政经济出版社,1994—2003年。

图 2-5 省本级、地市一级和县(市)一级财政支出占全省地方财政支出的比例(1994—2003 年)

增收专项上解主要包含地方财政增收上解和税收返还增收上解,是上解到省级财政。地方财政收入增收上解的具体财政政策为:从 1994 年起,市(地)、县(市)财政收入比地方财政收入基数增长部分,省与市(地)、县(市)按二八分成,省得 20%,市(地)、县(市)得 80%。中央对地方财政税收返还的增收上解的具体财政政策为:从 1994 年起,比基期(1993 年的基数)增加的部分,省与市(地)、县(市)按二八比例分成,省得 20%,市(地)、县(市)得 80%。两项增收上解都对部分贫困县和海岛县作适当照顾,照顾方式是取消上解或者降低上解比例(翁礼华,2002)。①

值得进一步指出的是,虽然浙江财政体制在县市地税上解的边际分成比例,一直保持稳定,但图 2-4 中的县市地方财政收入在 1998 年之后有缓慢降低趋势的同时,地级市(中间黄线)却表现出比较明显的上升趋势。这在很大程度上,与这一时期地方财政收入增长的主要来源有关。1998 年之后,地方财政收入的主要增长来自所得税的快速增长,特别是个人所得税的快速增长。2000 年之后,随着浙江城市化水平的提高,来自第三产业的营业税也开始加快增长。然而,地级市在个人所得税和营业税的税源,相对县市而言比较丰富。这些原因也就导致了图 2-4 中地级市和县市财政收入,在

---

① 1994 年的情况是,半岛县玉环集中 15%,武义、三门集中 10%,淳安、舟山市、岱山、嵊泗、洞头、文成、泰顺、景宁、云和、青田、磐安 11 个县(市)不予集中,其他 54 个市、市(县)为 20%。

1998 年之后的不同变化趋势。这种趋势变化很大程度上是区域经济发展在财政收入增长的内生性结果,并不意味着浙江在省以下政府间财政分权的不稳定。从图 2-6 中可以看出,县市的财政收入与财政支出的变化趋势,在不同年份都是比较一致的(50%～60%)。这也在一定程度上表明浙江省级财政体制中县市层面的财政分权,在 1998 年前后并没有根本性变革(翁礼华,1999)。

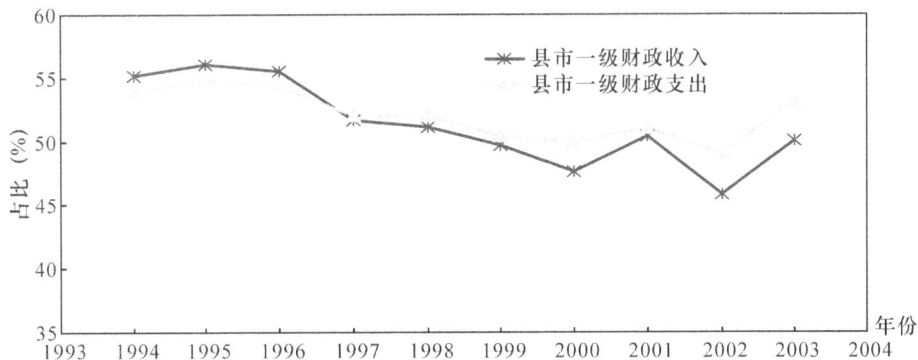

数据来源:财政部预算司编:《全国地市县财政统计资料》,中国财政经济出版社,1994—2003 年。

图 2-6 县市财政收入和支出分别占全省财政收入和支出的比例(1994—2003 年)

此外,地级市和县(市)的财政支出在 1999 年之后,也表现出比较明显的不同趋势。地级市的地方财政支出在 1999 年之后有比较明显的上升,而县市地方财政支出则是下降的。除了地级市和县市在地方财政收入增长率不同,所导致财政收入趋势不同的内生影响之外,还有一个重要的原因是,浙江省政府为了加快中心城市的城市化进程,增加了地级市城市化的专项转移支付。具体财政为:1999 年起,省财政对实行"两保两联"的 6 个地级市,增加"一保一联"政策:一保所辖县(市)当年财政收支平衡,一联城市建设补助(含市管县经费),挂钩比例为当年全市范围内增收上缴省 20% 部分(环比)的 25%(即 5 个百分点)。在对 10 个地级市实行增加的"一保一挂"、"一保一联"的政策后,使各地从省财政体制返还中得到了较多的财力,促进了当地的城市化建设,推进了区域经济的协调发展。经过几年的努力,浙江省城市化水平(城市人口占总人口比重)从 1998 年的 36% 提高到 2001 年底的 42%。

2.3.2 宁夏

宁夏回族自治区自成立以来,基本都实行了自治区直管市县两级财政体制,地市级对县市不能制定财政体制。从宁夏省以下财政体制变动看,1995 年宁夏就开始第一轮调整,[①]一方面,将部分企业划入自治区的收入范围,[②]另一方面,对共享税中县市的划分比例加大。[③]此后,宁夏省以下财政体制还经历了几次微调,以及数次转移支付体系的调整与完善。

从省内财政收入的纵向分布看,宁夏回族自治区(即省级)收入占比处于 $40\%\sim45\%$ 的区间,市级县占比处于 $55\%\sim60\%$ 的区间(见表 2-3)。从省内财政人均财力分级(按照财政供养人口计算)的纵向分布情况看,省级人均财力是市县级的 2 倍以上,并呈现出扩大趋势(见表 2-4)。

表 2-3 2001—2005 年宁夏回族自治区可用财力分级情况

年份	合计	财力(亿元)		比重(%)	
		省级	市县级	省级	市县级
2001	56.9	23.0	33.9	40.4	59.6
2002	62.1	24.1	38.0	38.8	61.2
2003	70.9	28.5	42.4	40.1	59.9
2004	89.6	38.3	51.3	42.7	57.3
2005	114.2	52.5	61.7	45.9	54.1

资料与数据来源:财政部预算司编:《省以下财政体制 2006》,中国财政经济出版社 2007 年版。

---

① 具体参见《宁夏回族自治区人民政府关于调整分税制财政管理体制的通知》(宁政发〔1995〕111 号)。

② 为增强自治区调控能力,自治区决定将宁夏炼油厂、西北轴承厂、宁夏化工厂、银川中策(长城)橡胶有限公司、青铜峡铝厂(含一期、二期)和青鑫铝业有限责任公司、常柴银川有限责任公司、区电力局、大武口电厂、大坝电厂等企业增值税 25% 部分全留归自治区。

③ 一是将原属自治区本级固定收入增值税 25% 部分(除第二条所列企业外),全部划归市县级。二是将原属自治区级固定收入的固定资产投资方向调节税和资源税调整为共享税,共享比例为 5∶5,即自治区和市县各分享 50%。三是将原共享税中的房产税和土地使用税的共享比例由 7∶3 调整为 3∶7,即自治区分享 30%,市县分享 70%。四是将原共享收入国有土地使用权有偿出让收入划为市县级固定收入。

表 2-4　2001—2005 年宁夏回族自治区人均财力分级情况　　　单位:万元/人

年份	自治区级	市县级
2001	3.6	1.7
2002	4.1	1.9
2003	4.7	2.1
2004	6.1	2.5
2005	7.4	3.0

资料来源:财政部预算司编:《省以下财政体制 2006》,中国财政经济出版社 2007 年版。

同时,宁夏全区各级财力仍然十分紧张,截至 2005 年,50% 以上的市县存在财政赤字,赤字额总体保持平稳。2001 年,全区年终滚存结余 286679 万元,赤字 9996 万元;到 2005 年,全区年终滚存结余 538609 万元,赤字 8760 万元(见表 2-5)。

表 2-5　2001—2005 年宁夏回族自治区财政收支平衡情况

项　目	2001 年	2002 年	2003 年	2004 年	2005 年
一、赤字情况					
总县数(个)	19	19	18	18	18
赤字县数(个)	14	13	14	10	10
赤字面(%)	73.6	68.4	77.7	55.5	55.5
净赤字额(万元)	11564	11473	13345	12617	11968
二、总体平衡情况					
全区年终结余(万元)	286679	278418	257547	425139	538609
全区净结余(万元)	−9996	−10949	−6808	−12111	−8760

资料来源:财政部预算司编:《省以下财政体制 2006》,中国财政经济出版社 2007 年版。

综合上述情况可以看出:首先,1994 年分税制对宁夏区内各级财政所形成的纵向冲击中,县市一级的影响明显更大,直接导致宁夏县市一级地方财政收入相对水平大幅下降,财政收支缺口迅速扩大,出现大面积赤字且长期存在。其次,由宁夏省级财政体制主导,自治区一级集中财力的比重较高(40%～45%),相对浙江(20% 以下)要高出很多,同时自治区将多数企业属地划归为自治区本级。第三,从宁夏人均财力在省、市、县之间财力分布结构看,宁夏财政资源在不同层级政府间配置的纵向不平等较为明显,省以下财政保吃饭、保运转、保民生纵向不平等的矛盾可能会凸显。

2.4 省内转移支付体系与稳定性

本节重点分析的省内转移支付体系,其不仅关系到能否在省—县市以及发达与欠发达县市之间靠自身财力调整建立纵向横向财政平衡机制,还关系到是否会截留中央转移支付,加大省内政府间不平衡(乔宝云、范剑勇和彭骥鸣,2006;审计署财政司课题组,2001;钟晓敏,2008;吴木銮和王闻,2011)。

2.4.1 浙江

浙江省省内转移支付,主要指省级财政体制中与地方财政努力挂钩的部分,即与浙江省财政政策执行中被称为"两保两挂"的政策相对应,分为地方财政收入增长激励和针对欠发达县市的均等化转移支付:前者主要用于主要领导和财政部门的奖金,以及由地方政府分配给企业的技改贴息激励;后者是指省级财政在确定各个欠发达县市的均等化转移支付的基数基础上,与地方财政增长以公式化挂钩的转移支付部分。具体政策为:

均等化转移支付,该项财政政策主要针对欠发达县市,是浙江省省级财政对欠发达县市的均等化转移支付,但与这些县市的地方财政收入年增长率挂钩。具体政策是,以欠发达县市 1994 年的原体制补助和困难补助为基数,从 1995 年起,收入每增长 1 个百分点省补助增长 0.5 个百分点。该项政策在不同年份的转移支付力度通过调整基数来实现:1998 年,在深入调查研究基础上,对欠发达县市的基数进行了适当调整。2001 年调整的具体政策是,将省财政对市县转移支付的工资、专项补助等财力性补助进行归并,统一调整为欠发达县市的补助基数,事实上是增加了转移支付的力度。此外,该项政策在欠发达县市所包含的数目方面,也就是均等化转移支付的欠发达县市的范围也在不同年份有所调整。[①]

激励政策方面:欠发达县市以 1994 年地方财政收入实绩为基数,地方收入每增加 100 万元,省财政激励 5 万元,用于县主要领导及财税部门的激

[①] 在欠发达县市的具体划分范围调整方面:1995 年有景宁、文成、泰顺、云和、丽水、龙泉、庆元、青田、松阳、缙云、遂昌、磐安、武义、龙游、衢县、开化、常山等 17 个贫困县和经济欠发达县。1996 年增加三门、洞头、岱山、淳安等 4 个县;1997 增加安吉县,1998 年增加嵊泗、江山;2001 年增加苍南、永嘉、仙居、天台等 4 个县。

励。该项政策在不同年份所包含的欠发达县市的数目上有所调整。① 从1999 年起,省财政对欠发达县市实施财源建设技改贴息补助政策,具体为:地方财政体制收入比上年增加额与省财源建设技改贴息补助挂钩(环比)。补助比例:国家级贫困县景宁、文成、泰顺为增加额的 20%,其余为增加额的10%,专项用于财源建设的技改贴息。发达县市激励性方面,从 1997 年起,发达县市在确保实现当年财政收支平衡和确保完成消化历年赤字的前提下,省财政的技改补助和激励与地方财政体制收入比上年增收上缴额相联系(环比)。技改补助和激励联系比例为:1996 年地方财政收入 2 亿元以上的县(市),即市(地)、县(市)地方财政增收上缴(环比)100 万元,省财政给予技改补助 11 万元和 4 万元,也就是增收上缴的 11%和 4%,前者作为技改激励,后者作为奖金(分配范围与欠发达县市相同);其他县市为 10%和 5%。1998 年,省财政适当加大"两保两联"政策的挂钩力度,增加了 5 个百分点作为技改补助,以加大各级政府技改资金的投入,即增加到增收上缴额的20%,但作为奖金的部分比例不变。

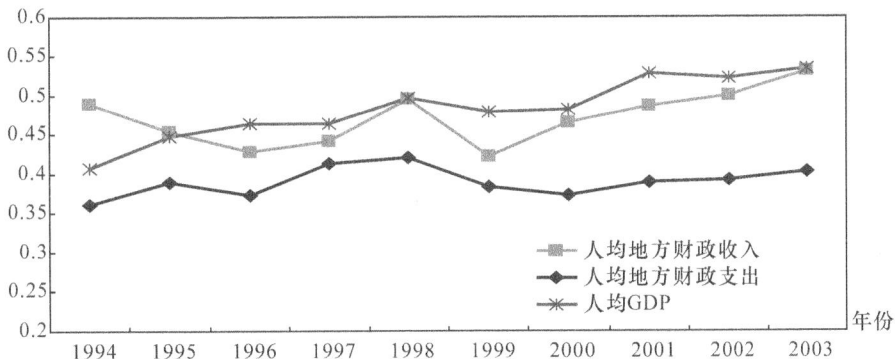

数据来源:财政部预算司编:《全国地市县财政统计资料》,中国财政经济出版社,1994—2003 年。

图 2-7　浙江省各个县市财政收入、支出和 GDP 差异系数的变化(1994—2003 年)

从图 2-7 可以看出,浙江省县市人均地方财政支出差异系数明显小于人均 GDP 和人均地方财政收入差异系数,这点是省内转移支付政策的效果。

---

①　在欠发达县市的具体划分范围调整方面:1995 年有景宁、文成、泰顺、云和、丽水、龙泉、庆元、青田、松阳、缙云、遂昌、磐安、武义、龙游、衢县、开化、常山等 17 个贫困县和经济欠发达县。1996 年增加三门、洞头、岱山、淳安 4 个县;1997 增加安吉县,1998 年增加嵊泗、江山;2001 年增加苍南、永嘉、仙居、天台等 4 个县。

2.4.2　宁夏

随着中央转移支付力度逐年增大，宁夏回族自治区对下转移支付规模也不断增加。宁夏回族自治区对下转移支付主要分为两类：一是财力性转移支付，主要目标是促进各地方政府提供基本公共服务的均等化；[①]二是专项转移支付，旨在实现特定政策目标，实行专款专用。[②] 从具体政策看，宁夏回族自治区自 2000 年开始实行过渡期转移支付办法，2002 年，在总结前几年经验的基础上，根据客观形势的发展，对原过渡期转移支付办法进行了修订，制定了《一般性转移支付办法》，2006 年对该办法又作了进一步的调整完善。区一般性转移支付办法遵循稳定增长、综合调控、规范公平和增量调节四个原则，运用规范的公式化方式操作，以各地标准财政收支差额作为计算转移支付的依据。由于宁夏为少数民族自治区，不再单独设立民族地区转移支付资金，将民族地区转移支付与一般性转移支付合并，统一设立一般性转移支付资金，并统筹其他财力性补助资金，增加一般性转移支付资金规模（见表 2-6）。

表 2-6　2001—2005 年宁夏回族自治区对下转移支付结构　　单位：万元

项　目	2001 年	2002 年	2003 年	2004 年	2005 年	年均递增（％）
财力性转移支付	131366	154638	166565	197422	251959	13.9
原体制补助	24570	24916	24548	24712	23806	
一般性转移支付	27646	29646	36946	61385	95321	28.0
民族地区转移支付补助	2000	2500				
农村税费改革补助	4915	17422	16542	17720	17420	28.7
取消农业特产税降低农业税率转移支付补助				2165	8586	
调整工资转移支付	66905	79120	84817	90408	90408	6.2
县乡奖补资金（三奖一补）					14193	
其他财力性补助	5330	1034	3712	1032	2225	

资料来源：财政部预算司编：《省以下财政体制 2006》，中国财政经济出版社 2007 年版。

---

　　① 包括一般性转移支付、调整工资转移支付、农村税费改革转移支付、县乡财政奖补资金和其他财力性转移支付等。
　　② 包括一般预算专项拨款、国债补助等。

从宁夏省以下转移支付的结构看,2005 年自治区对下转移支付达到 52.4 亿元,为 2000 年的 2.6 倍,年均增长 17.2%。其中,财力性转移支付 25.2 亿元,专项转移支付 27.2 亿元。相对浙江省而言,专项转移支付的比重较高。

此外,从转移支付后的实际效果,也就是宁夏全区县市间的横向人均分布情况看,宁夏全区下辖 19 个市县,从 2005 年人均财力情况看,人均财力排在前 5 位的是银川市、石嘴山市、平罗县、贺兰县、永宁县,排在后 5 位的是隆德县、西吉县、彭阳县、吴忠市、海原县(见表 2-7)。除银川和石嘴山外,地级市和一般县市之间的人均财力水平在整体上的区分并不明显。

表 2-7　2001—2005 年宁夏回族自治区市县级人均财力及排名情况①　　　　(单位:元)

县市	2001 年		2002 年		2003 年		2004 年		2005 年	
	人均财力	排名	人均财力	排名	人均财力	排名	人均财力	排名	人均财力	排名
银川市	38772	1	43445	1	47839	1	54489	1	61662	1
永宁县	17521	4	18057	3	19971	3	23645	5	28756	5
贺兰县	12735	12	17188	6	18978	7	24296	4	29843	4
灵武市	12165	14	12691	16	13495	15	15931	18	23662	10
石嘴山市	25932	2	29169	2	33372	2	41881	2	51981	2
平罗县	15448	6	17311	5	19877	4	25963	3	40181	3
吴忠市	14222	8	15068	11	17138	11	18982	11	19624	16
青铜峡市	15535	5	17918	4	19328	5	22573	6	27139	6
盐池县	14490	7	16123	8	17566	9	20854	8	25915	8
同心县	12607	13	14108	13	15170	12	18690	12	21914	13
固原市	13886	10	15149	10	17196	10	20009	9	23146	11
西吉县	11234	19	11970	19	12253	19	16858	15	19155	18
隆德县	12771	11	13021	14	13922	14	15950	17	19102	19
泾源县	11748	17	12582	17	13042	17	16993	13	21020	14
彭阳县	11513	18	12208	18	12761	18	16314	16	19298	17
中卫市	17527	3	15728	9	17898	8	19170	10	24597	9
中宁县	14198	9	16675	7	19074	6	22569	7	25937	7
海原县	11749	16	13015	15	13417	16	16972	14	19837	15

资料来源:财政部预算司编:《省以下财政体制 2006》,中国财政经济出版社 2007 年版。

---

①　表格中黑体字的县市为宁夏的地级市,分别是银川市、石嘴山市、吴忠市、固原市、中卫市。

从表 2-7 可以看出：首先，宁夏下属 19 个县市除银川和石嘴山之外，其他县市人均财力水平的排名很不稳定，波动非常大，可能是因经济发展对财政收入的稳定机制不够，财力受大项目投资以及经济财政政策影响较大。其次，县市间横向财政不平衡比较明显，且排名第 1 的县市的人均财力水平是排名第 19 的县市的 3 倍或以上，且差距缩小随时间的变化并不明显。第三，宁夏无论是财力性转移支付，还是一般性转移支付和专项转移支付，其财力基本上都是来源于中央的转移支付，横向财力均等化的效应还不明显。这一点与浙江比较有着明显不同，浙江省以下转移支付的财力基本来源于本省发达县市，且大部分转移给了欠发达县市，县市间横向财力均等化效应相对比较明显。

2.5　小结

财政资源在不同层级政府间的配置，会因自然资源和财源税源的初始条件的不同，存在政府间财政的初始纵向横向不平衡，并随不同发展速度而变化；也会因不同层级政府将财政收入范围、税种划分和分成比例在不同层级政府间安排而缓解或加剧初始的不平衡。1994 年分税制改革是增量调整一刀切的制度安排，之后中央财政体制又有过三次比较大的调整。总体而言，中国的财政分权是在制度供给失衡的条件下进行的，制度供给失衡下的财源层层上解和支出责任层层下划，一定程度上导致了多数省份财政体制不稳定。而且一旦省级财政体制出现调整，往往也会以财源上解责任下划的方式直接影响省以下各级政府间的财政分权，如把一些规模较大、利润较高的企业划入省级财政的收入范围，地方大税种划归省级财政或提高共享税分成比例等。从而，叠加效应最终会导致基层政府（即县和乡镇一级）陷入财政赤字的困境。

从中央—省的财政关系来看，无论是 1994 年的分税制，还是此后的多轮次调整，首选政策目标都是提高中央财政收入占全国财政收入的比重（以55％左右为具体目标）。中央历次财政体制的变化，都是增量一刀切的调整机制，即无论是发达省份还是欠发达省份的发达县市与欠发达县市，都按照相同的制度框架进行财政资源划分与配置。这一改革方式的结果是，欠发达地区财政自主性大幅下降，以及财政收支缺口迅速拉大。浙江和宁夏的中央—省财政关系也表明这一点,虽然中央—浙江和中央—宁夏财政关系中地方财政收入的占比,在历次调整中都比较稳定,但宁夏各级财政受到的冲击明显更大,特别是作为欠发达省区的欠发达县市,1994 年后很快陷入财政赤字和运转困难且长期存在。2002 年之后,虽然中央对宁夏的转移支付的绝对规模和相对规模都比浙江要大得多,但没有省以下财政体制的配合协调,仅靠中央财政不足以有效缓解基层财政困难。

从省内纵向和横向财政关系看,浙江与宁夏的共同点是省以下财政关系都比较透明,但宁夏省级集中的财力比重明显高于浙江,均等化转移支付力度明显较弱。也就是,浙江的省、市与县市之间的财政收入和支出比重变化表明了,浙江省以下政府间财政分权保持了相对稳定,在对发达县市和欠发达县市分别采用了不同激励政策的同时,通过激励性均等化转移支付体系缓解了县市一级的财政横向不平衡。宁夏对县市集中财力的机制也较为稳定,但省以下转移支付体系建立较晚,均等化转移支付力度也相对较弱。因此,省管县财政体制是否必然有利于解决省以下诸如财源截留、基层财政困难等问题,还需要进一步分析来洞察。

参考文献

[1] Bardhan P. Decentralization of Governance and Development[J]. Journal of Economics Perspective,2002(16):185-205.

[2] Blanchard O,Shleifer A. Federalism with and without Political Centralization:China versus Russia[J]. IMF Staff Papers,2001(48):171-179.

[3] Cai H-B,Treisman D. Did Government Decentralization Cause China's Econimic Miracle? [J]. World Politics,2006,58(04):505-535.

[4] Liu Y,Martinez-Vazquez J,Wu A. Fiscal Decentralization,Equalization,and Intra-provincial Inequality in China[J]. International Tax and Public Finance,2016,23(3):1-34.

[5] Rodríguez-Pose A,Ezcurra R. Does Decentralization Matter for Regional disparities? A Cross-country Analysis[J]. Journal of Economic Geography,2010,10(5):619-644.

[6] Zhuravskaya E V. Incentives to Provide Local Public Goods：Fiscal Federalism，Russian Style[J]. Journal of Public Economics，2000，76(3)：337-368.

[7] 财政部预算司.中国省以下财政体制(2006)[M].北京:中国财政经济出版社,2007.

[8] 陈抗,A. L. Hillman,顾清扬.财政集权与地方政府行为变化——从援助之手到攫取之手[J].经济学季刊,2002,2(1):111-130.

[9] 才国伟,黄亮雄.政府层级改革的影响因素及其经济绩效研究[J].管理世界,2010(8):73-83.

[10] 傅光明.论省直管县财政体制[J].经济研究参考,2006(33):29-33.

[11] 贾康.地方财政问题研究[M].北京:经济科学出版社,2004.

[12] 贾俊雪,郭庆旺,宁静.财政分权、政府治理结构与县级财政解困[J].管理世界,2011(7):30-39.

[13] 李萍.中国政府间财政关系图解[M].北京:中国财政经济出版社,2006.

[14] 刘仲藜.新中国经济 60 年(上、下)[M].北京:中国财政经济出版社,2009.

[15] 楼继伟.中国政府间财政关系再思考[M].北京:中国财政经济出版社,2013.

[16] 宁夏通志编纂委员会.宁夏通志十(财税金融卷)[M].北京:方志出版社,2009.

[17] 庞明礼,李永久,陈翻."省管县"能解决县乡财政困难吗? [J].中国行政管理,2009(7):39-44.

[18] 乔宝云,范剑勇,彭骥鸣.政府间转移支付与地方财政努力[J].管理世界,2006 (3):50-56.

[19] 审计署财政司课题组.政府间转移支付制度的国际比较[J].中国审计,2001(9):28-29.

[20] 谭之博,周黎安,赵岳.省管县改革、财政分权与民生——基于"倍差法"的估计[J].经济学(季刊),2015(3):1093-1114.

[21] 杨国林.宁夏经济体制改革 30 年.银川:宁夏人民出版社,2008.

[22] 杨开忠,陶然,刘明兴.解除管制、分权与中国经济转轨[J].中国社会科

学,2003(3):4-17,205.

[23] 王绍光.中国财政转移支付的政治逻辑[J].战略与管理,2002(3):
47-54.

[24] 翁礼华.浙江省财政税务志[M].北京:中华书局,2002.

[25] 翁礼华.五十而知天命——财税改革随笔[M].北京:中国税务出版
社,1999.

[26] 吴木銮,王闻.如何解释省内财政分权:一项基于中国实证数据的研究
[J].经济体制比较,2011(6):62-72.

[27] 吴云法.浙江省"省管县"财政体制研究[J].经济研究参考,2004(86):
32-37.

[28] 项怀诚.中国财政体制改革[M].北京:中国财政经济出版社,1994.

[29] 谢旭人.中国财政改革三十年[M].北京:中国财政经济出版社,2008.

[30] 张占斌.省直管县改革与县域经济发展[J].学习月刊,2005(11):20.

[31] 张占斌.政府层级改革与省直管县实现路径研究[J].经济与管理研究,
2007(4):22-27.

[32] 张闫龙.财政分权与省以下政府间关系的演变[J].社会学研究,2006,
(3):39-63,243.

[33] 张光.财政分权省际差异、原因和影响初探[J].公共行政评论,2009,
(1):133-158,204-205.

[34] 钟晓敏.公共财政之路:浙江的实践与探索[M].杭州:浙江大学出版
社,2008.

3 浙江财政省管县体制与县域经济增长

浙江省财政体制虽受到中央财政集中财力的影响,但省与县市政府间的财政分权和激励政策仍表现出较强的稳定性。本章进一步分析财政分权和激励政策对地方经济增长的关系,即中央财政体制和省级财政体制与县市之间的财政分权对地方经济增长的激励效应,以及浙江省财政的激励性政策对地方经济增长的作用。本章在明确回归中使用的财政分权指标选择基础上,结合浙江55个县市1995—2003年的面板数据,通过县市和时间双向固定效应模型,来衡量政府间财政分权和激励政策对县市经济增长的影响。实证结果表明:首先,国税上缴比重与县市经济增长呈现显著负相关,说明了国税上缴比重的增加会阻碍县市经济增长。其次,激励性转移支付比重与县市经济增长呈现较为显著的正相关,说明了浙江省财政实行的激励性财政政策,虽然在发达与欠发达县市的范围和比重方面有所差别,但激励性财政显然促进了地方经济增长。此外,地方财政上解省比重与县市经济增长呈现负相关,但没有通过检验,说明浙江省财政体制主导的上解体制与县市经济增长的关系并不明确。

3.1 引言

20世纪80年代以来,分权成为世界发展中国家和转型国家政府改善治理的主流,全球人口超过500万的75个转型经济体中,84%的发展中国家正致力于向地方政府下放部分权力(Baskaran et al.,2016;张晏,2005)。随后,财政分权也在90年代中期开始,成为学术界解释中国成功转型的热门主题（Blanchard and Shleifer，2001；Xu，2011；严冀、陆铭，2003；Qian and Weingast，1997；郭庆旺、贾俊雪，2009；才国伟、黄亮雄，2010）。

从财政分权的理论观点看，由于地方政府拥有地方性信息优势，中央政府通过向地方政府的财政分权，可以提高财政支出的经济效率，促进地方经济发展（Tiebout，1956；Oates，1999；Weingast，2009；Altunbas and Thornton；2012；Ligthart and Oudheusden，2015）。在大多数发展中国家与转型国家中，分权可以对地方政府干预企业的倾向形成约束，并改善地方政府发展经济的激励条件。中国转型过程中的主要特征就是中央政府向地方政府经济分权，特别是行政分权与财政分权。中国转型中的行政分权所带来的自主决策权与激励，以及财政分权所导致的地方政府间的竞争，是中国制度转型过程中实现经济快速发展的关键所在（Xu，2011；Che and Qian，1998；Qian and Weingast，1997）。这是典型的"中国式的联邦主义"（Chinese Style Federalism）的理论。① 然而，尽管同样采用了中央政府向地方政府的分权改革，但中国和俄罗斯在转型过程中却出现了巨大的分权改革的绩效差异。部分学者开始注意到这两个转型国家间政治制度的差别，并指出中国转型中促使地方政府发展经济的另一个重要条件是政治体制上的集权（Blanchard and Shleifer，2001；Bardhan，2002；Cai and Treisman，2006）。其中，Blanchard 和 Shleifer 认为只有从财政分权和政治集权体制两者结合的视角，才能更好地理解财政分权对地方政府发展经济的激励效应（王永钦等，2007；沈坤荣、付文林，2005；Liberati and Sacchi，2013；Li et al.，2016）。

在中国转型过程中，一方面，政治集权和财政分权的政府治理结构是促使地方政府积极发展经济的重要因素（周黎安，2004，2007；王永钦等，2007；

---

① 钱颖一等分析了中国改革过程中中央政府与地方政府之间的关系。他们认为，中国改革的特征就是中央政府向地方政府分权，特别是财政分权。这样，联邦主义的两个特征也就会随之出现：一是竞争效应，即在要素流动的条件下，地方政府之间的财政竞争会增加地方政府扮演救济（bailout）者的机会成本，从而形成一种承诺（commitment）机制；二是货币集权与财政分权会导致利益上的冲突，因此能够硬化预算约束并降低通货膨胀。

贾俊雪等,2011;王绍光,2002);①另一方面,政治集权体制也导致财政分权是在制度供给失衡条件下进行的,有着财源层层上解、责任层层下划的内在机制(姚洋、杨雷,2003;陈抗等,2002;才国伟等,2011)。事实上,政府间财政分权对地方政府发展经济的激励效应,很大程度上依赖于不同层级政府间财政体制的稳定性(周黎安,2004,2007;贾俊雪等,2011;吴金群、付如霞,2017)。在政治集权体制下,上级政府拥有对上下级政府间的财政安排的控制权。因此,尽管地方政府可以在某些条款上与中央或上级政府讨价还价,但在是否接受新税制以及在整个财政体制的安排方面,地方政府并没有多少谈判能力。一旦中央政府决定要改变税制,以及中央与地方政府间的财政安排,地方政府必须接受,后者最多只能在边际上进行讨价还价(杨开忠等,2003;郑新业等,2011)。这样,从中国转型过程中的中央和省级财政体制的历史沿革看,不同时期不同层级政府间的财政体制并没有呈现出很强的稳定性。因此,在研究政府间财政分权及其与地方经济增长关系过程中,不同层级政府间财政体制对财政分权稳定性影响是需要展开深入研究的重要前提。

此外,在"中国式联邦主义"的理论模型中,博弈的参与者为中央政府和地方政府。所以,在相关的实证研究中,相关文献所使用的财政指标是中央和省级政府财政的边际收入份额。但是,在这些实证研究中,乡镇企业是最终带动经济增长的发动机。由于拥有乡镇企业所有权的是乡镇政府,在行政级别上,它们比省级政府低了两级(中间是地区一市和县),因此很难把乡镇的经济增长归结为中央和省级政府间的财政分权(杨开忠、陶然、刘明兴,2003;张光,2009)。值得指出的是,现有财政分权的文献主要集中于中央与省两级政府间的财政分权的研究,而对省到县这三级政府间的财政分权还未进行较为系统的分析(张闰龙,2006;张光,2009)。本章将要分析的重点,正是浙江的省与县市之间的财政分权及其与经济增长的关系。这将可能会增加现有文献对省到县这三级政府间的财政分权的理解。

---

① 最近,国内外的一些文献从中国集权政治体制对地方政府的激励作用方面,对地方政府发展经济行为展开了深入的分析,认为官员晋升(任免)考核体制中 GDP 增长的竞赛模式给地方政府发展经济带来比财政分权更为稳定的激励(Cai and Treisman,2007;周黎安,2004,2007;王永钦等,2007)。这些关于中国转型中地方政府的研究表明,对于区域经济发展过程中地方政府的激励与行为,放在政治集权与经济分权的框架下考察是比较有说服力的。

在分权理论不断发展的同时,针对财政分权与经济增长关系的实证研究也呈现出多样化的局面(Martinez-Vazquez and McNab,2003;Jin et al.,2005;张晏、龚六堂,2004;Zhuravskaya,2000;Gemmell et al.,2013)。Xie 等(1999)发现财政分权对美国经济增长有负面影响。Zhang 和 Zou(1998)、Davoodi 和 Zou(1997),Devarajan 等(1996)对 46 个国家 1970—1989 年数据的研究,都表明了发展中国家财政分权与经济增长之间的关系为负。与之相反,Lin 和 Liu(2000),Jin 等(2005)的研究表明财政分权推动了中国经济发展。张晏(2005)采用四类的财政分权程度指标,通过对中国 1986—2002 年各省的面板数据的分析得出:在分税制改革前,地方财政分权对地方经济增长的影响显著负相关;而 1994 年分税制改革后,地方财政分权与经济增长显著正相关(张晏、龚六堂,2004)。

在现有文献中,关于中国转型过程中省以下政府间财政分权与经济增长关系的实证成果正快速增加(肖文、周明海,2008;张光,2011;郭庆旺、贾俊雪,2009;才国伟等;2011)。如:肖文、周明海(2008)利用浙江 69 个市县 1985—2006 年的面板数据对省以下政府间财政分权与经济增长关系进行了研究。

显然,财政分权程度的度量对经验检验十分重要,甚至会影响实证研究的结论。因此,本章不但把省级财政体制与数据密切结合,并采用了可以较好测度财政分权程度的边际分成指标,对不同层级政府间财政分权和激励政策与经济增长关系进行研究。研究表明,浙江省虽也受到政治集权和中央集中财力的影响,但其省内财政分权与激励政策具有较强的稳定性;此外,县市的国税上缴比重与经济发展呈现显著的负相关关系,省财政的激励政策与县市经济发展呈现显著的正相关关系,而县市上解省比重与经济发展的相关性并不显著。

本章接下来部分的结构安排如下:3.2 节梳理浙江省财政省管县的历史沿革;3.3 节从政府间纵向和横向财政不平衡的视角,分析中央、浙江省与市县政府间财政分权的稳定性;3.4 节通过固定效应的计量模型,对浙江省财政分权和激励政策与地方经济发展的关系进行实证研究;3.5 节为本章的小结。

3.2 财政分权测度

对于财政分权与经济增长之间的关系,无论是现有国别间的实证研究,还是一个国家内地区间的实证研究都还没有达成共识。最主要的原因在于:一方面,不同分权指标的选取将极大地影响经验分析的结论。另一方面,由于受到可利用数据的限制,很难找到很好的财政分权测度指标。因此,如何衡量财政分权的程度,是实证分析财政分权与经济增长之间关系的一个关键性挑战(陈硕、高琳,2012)。

现有的文献在选取衡量财政分权程度的指标方面,主要有以下几种:(1)在跨国研究中,最常用的测度方式是省级政府财政支出占各省财政总支出的比重,但在中国,中央在各省行政区划内的财政支出数据无从获得,因此无法得到省财政支出和中央在各省以及县市对应开支的比值。(2)在对中国财政改革进行研究的文献中,有的学者采用了省级政府在预算收入中保留的平均份额来衡量财政分权程度。(3)有的学者采用了地方政府支出占政府总支出的比例来衡量分权程度(Zhang and Zou,1998)。[1] (4)有的学者采用了省级政府在预算收入中增量的边际分成率来衡量财政分权的程度(Lin and Liu,2000)。[2]

事实上,一般学者都认为在财政分权指标的测度中,事前边际分成率是最能反映财政分权程度及其变化。本章基于《全国地市县财政统计资料》中的面板数据,采用事前实际边际分成率来测度不同层级的财政体制对县市的财政分权以及激励政策的强度。具体为:一是采用国税上缴占地方财政总收入的比重来测度中央财政体制对县市的分权程度;二是采用上解省财政占县市地方可用财力的比重来测度省级财政体制的分权程度;三是采用激励性转移支付占地方财政收入的比重来测度激励强度。

---

[1] 这一方法的问题在于,测度财政分权时分母,即中央政府的总支出都是相同的,所以财政分权度就完全取决于一省的支出水平。按他们的方法,地方上的支出越大,财政分权度就越大。所以,地方支出数额最高的那个省就享有最高的财政自由度。但实际情况却并非如此,因为某个省份的支出大小只是反映了该省的人口和经济规模,而不是该省在财政上所拥有的自由空间。

[2] 采用财政收入增量中地方政府占有的份额来度量分权,在大多数包干类型安排下,地方的财政分权指数都为100%。这样,经济条件和财政实力差别显著的各省,如吉林、四川、江苏、广东和宁夏,都有相同的分权指数,这显然是不符合现实的。

3.3　数据与样本

为了更好地把握数据与浙江财政省管县体制的具体内容,本章对浙江省财政厅一些相关部门与人员,以及 2 个地级市和 6 个县市进行了三轮调研访谈。本章数据的主要来源于《全国地市县财政统计资料》,时间跨度为 1995 年至 2003 年,《全国地市县财政统计资料》是目前有关中国县市一级财政最为详细的数据库。该数据库主要包含了地市、县市财政的四方面数据:收支部分主要反映地市、县市地方财政收入与支出的一般预算收支数据,具体数据项与一般的财政统计年鉴基本相同;平衡部分主要反映地市、县市与省级财政之间各种上解和转移支付的财政数据,主要反映省级财政体制与省级转移支付体制,数据项包含原体制上解、专项上解,以及县市基层政府得到的各种移支付;由于 1994—1997 年的《全国地市县财政统计资料》中反映地方经济发展指标采用的是工农业生产总值,所以本章中这几年浙江省各个县市的 GDP 数据来源于《浙江省建国五十年统计年鉴》。其次,《全国地市县财政统计资料》数据库中的 2002 年、2003 年的各个县市的总人口的补充数据来源于这两个年份的《浙江省统计年鉴》。此外,关于浙江省欠发达县市 1995—1997 年的一般性转移支付与激励性转移支付的数据,以及 1998 年浙江省欠发达县市的一般性转移支付的基数来源于相关专著(翁礼华,1999,2002)。

由于宁波在 1988 年被列为计划单列市,与中央财政直接结算,本章分析中不包含宁波及其所属的县市(翁礼华,1999,2002;吴云法,2004)。除宁波外,浙江省 1994 年的行政区划一共包含 10 个地级市和 58 个县市,2003 年浙江省行政区划共包含 10 个地级市和 53 个县市。由于地级市主要包含城区,基本不包含农村地区,因此考虑到数据的可比性,本章分析中暂不包含 10 个地级市。1994 年至 2003 年期间,萧山、余杭、金华、丽水和衢州分别在不同年份发生行政区划的调整。其中金华县和丽水市是在 2000 年并入金华和丽水地级市,衢县是在 2002 年并入衢州市,因为这 3 个县在行政区划调整之后,分别被分拆到地级市所属的城区,不能通过数据处理来恢复这几个县在行政区划调整后的财政数据。而萧山和余杭虽然在 2000 年并入杭州,但财政体制仍然"省管县",结算关系也维持与省财政厅结算,而没有与杭州市财政结算,因此本章样本中仍然包含萧山与余杭。所以在分析中,本章利用县市的代码把不同年份的数据连接在一起,组成一个包含浙江省的 55 个县(市),时间跨度为 1994 年至 2003 年的整齐面板数据。

接下来,考虑到浙江省财政体制的财政分权和激励政策是依据发达还是欠发达县市的"分类指导"原则,不同类型浙江省省级财政体制的转移支付政策也是如此。欠发达县市开始实施激励性转移支付和一般性转移支付的财政政策是在 1995 年,发达县市开始实施激励性转移支付的财政政策是在 1997 年。本章把数据库进一步分解成发达县市和欠发达县市两个组别。由此,本章在浙江省政府间财政分权和激励性政策对地方经济增长的回归分析中,使用了欠发达县市、发达县市与全省县市三组样本,其中欠发达县市的组别包含 26 个县市样本,发达县市的组别包含 29 个县市样本,全省县市包含 55 个县市样本,三组样本的时间跨度均为 1995—2003 年。

为了更好理解本章的变量、变量定义,以及变量与数据库的对应关系,列表说明如表 3-1 所示。

表 3-1　主要变量定义和统计描述(55 个县市)

变量	单位	定义	均值	标准差	最大值	最小值	样本数
rgdp	%	gdp 的年增长率	14.223	10.215	57.525	−19.917	495
princetrans	%	激励性财政政策	24.753	43.977	250.560	0	495
prhandin0	%	国税/地方财政总收入	46.690	8.584	67.683	19.139	495
prhandin2	%	上解省/地方财力	24.309	14.364	63.590	0	495
ltaxb	%	地方财政收入/gdp	3.388	1.425	8.703	1.043	495
rltaxb	%	ltaxb 的年增长率	9.879	19.151	109.113	−30.319	495
pgdp	万元	人均 gdp	1.064	0.617	3.831	0.177	495
trans2	千万元	专项补助和结算补助	4.769	3.245	19.774	−0.073	495
prtarns2	%	trans2/地方财政收入	44.138	39.004	303.225	−1.349	495
trans3	千万元	两税和所得税的返还	10.128	9.659	57.666	0.633	495
prtrans33	%	trans3/当年财政支出	35.090	20.521	123.092	3.889	495
prtran3	%	trans3/当年财政收入	55.784	24.634	138.823	12.289	495
popu	万人	总人口	54.241	29.428	122.000	8.000	495

数据来源:财政部预算司编:《全国地市县财政统计资料》,中国财政经济出版社,1994—2003 年。

对于表 3-1 中部分变量的基本统计描述,需要结合浙江省各个县市的基本情况作进一步说明。在浙江省各个县市 1994—2003 年的数据中,rgdp 最大值是 1995 年的永康市,该年永康市不锈钢保温杯产业爆发性兴起,当年保温杯的销售额就超过 20 亿元。pgdp 最大值是 2003 年的绍兴,排在前列的还有萧山。地税税负水平最低的县市并非经济发展水平最低的县市,也非经济发展水平最高的县市,而是经济发展水平处于中等的湖州市所辖的 3 个县市 2001 年之前的税负水平。ltaxb 最小值是 1996 年的长兴,1994—2000 年长兴的税负水平一直排在浙江省的最低水平内(最低的前十位),湖州的德清也是比较低的。地税税负 ltaxb 最大值是 2003 年的义乌,这可能也是说明地税税负水平不但与经济发展水平有关,也与该地区的产业结构相关。与此相对应,rltaxb 的最大值是 2001 年的德清,达到 109.113%。排在第二位的是同年的长兴,从数据来看,湖州地区的 3 个县市在 2001 年所得税体制调整中的地税税负增长普遍比较大。2001 年刚好是中央财政进行所得税分享体制的调整,整个浙江省该年的地方财政收入年增长接近 50%。trans2 最大值是 2000 年的萧山,而 handin2 最大值是 2003 年的萧山,两者之间可能预示着两种财政政策之间的相关性。

3.4 计量模型与回归结果

为了分析财政分权和激励政策对经济增长的影响,需要对其他影响经济增长的因素加以控制。影响经济增长的因素可以分可观测到的和观测不到的两类。对于可以观测到的因素,本章可以将其直接引入回归模型。那些观测不到但又影响财政努力和经济增长的因素又可以分为两种,即随时间变化的和不随时间变化的。为了控制县市中观测不到并且不随时间变化的因素,本章使用县市和时间双向固定效应模型,来避免 2000 年之前是中国经济高速增长期和 2000 年之后是财政收入高速增长期的影响。

考虑到测度地方财政努力的指标,如果采用地方税负则可能所包含的影响因素过多,本章采用地方税负的年增长来测度地方财政努力。此外,由于本章实际利用的年增长数据是从 1995 年开始,而欠发达县市的激励性转移支付财政政策的实施年份恰恰是在 1995 年,在本章的基本回归分析中,我们使用了包含 55 个县市 1995—2003 年共 495 个观测值的样本组。在分组回归中,使用了分别包含 26 个欠发达县市和 29 个发达县市的样本组。在本章对回归结果进行敏感度分析时,不但可以检验基本模型回归结果的稳健性,也可以进一步考察激励性财政政策的激励效应在欠发达与发达县市之间是否存在差异(分组回归结果请参见附表 3-1 至附表 3-4)。

为了分析中央和省财政对县市的财政分权,以及激励性转移支付对地方经济增长的影响,构建县市和时间双向固定效应模型 1 如下:

$$\mathrm{rgdp}_{i,t} = \alpha_0 + \alpha_1 \mathrm{prhandin0}_{i,t} + \alpha_2 \mathrm{princetrans}_{i,t} + \alpha_3 \mathrm{prhandin2}_{i,t}$$
$$+ \alpha_4 \mathrm{rltaxb}_{i,t} + \alpha_5 X_{i,t} + \alpha_6 Z_{i,t} + \varepsilon_{i,t}$$

模型中:i 为浙江省 55 个发达县市的 id($i = 1,2,\cdots,55$),t 为统计年份($t = 1995,1996,\cdots,2003$),由于回归模型中采用了增长指标,因此数据从 1995 年开始,时间跨度为 9 年。本章在计量模型中用县市的经济增长率,作为被解释变量。$\mathrm{prhandin0}_{i,t}$ 表示第 i 个县市在 t 年,由中央财政体制决定县市一级的中央财政收入与地方财政收入的比重,来测度国税与地税之间的分权程度。$\mathrm{princetrans}_{i,t}$ 表示浙江省财政厅对第 i 个县市在 t 年是激励性转移支付的政策力度。$\mathrm{prhandin2}_{i,t}$ 表示第 i 个县市在 t 年,由省财政体制决定的上解省与地方可用财力的比重,来测度省内政府间的财政分权程度。考虑到地税税负水平指标 ltaxb 所涉及经济发展因素、行政区划调整和政策的政治动机等因素过多,本章用地税税负的年增长率 rltaxb 来测度县市经济发展过程中税负水平的变化。$X_{i,t}$ 是表示可能影响地方经济增长的不同类型转移支付因素,考虑到专项加结算补助在浙江省财政政策实践中虽然多数都是通过公式化来实行的转移支付,但县市只有在年中甚至年末时才知道按照什么样的方式可以得到多少金额,这是一种事中甚至事后的激励机制。与之对应,税收返还是在 1994 年实行分税制就明确的公式化转移支付,是一种事前的激励机制。因此在模型 1 中具体使用的变量是 prtrans2、prtrans33。$Y_{i,t}$ 是随经济发展水平或者是时间变化的因素,而经济发展水平也是影响地方税负增长的因素,与此模型 1 中具体采用的变量是 pgdp、popu。

本章在进行财政分权和激励政策对地方经济增长影响的固定效应模型回归的同时,也回归了随机效应模型。由于与上文同样的原因,正文中只报告固定效应模型的回归结果,固定效应模型 2 的回归结果在表 3-2 中列示。表3-2中列示了 4 组不同控制变量的组合,在这些回归结果中,国税上缴比重变量的系数全部为负,并全都在 1% 水平上高度显著,t 值也是非常稳定。从系数数值大小来看,表示中央财政体制的分权程度对县市经济增长的影响是非常明显的,与县市经济增长率负相关。也就是说,固定效应模型的回归结果表明了随着由中央财政体制决定的国税上缴比重的提高,对浙江县市的地方经济增长起到了负面作用,国税上缴占地方财政收入的比重每提高 1个百分点,县市经济增长率就会下降 0.25 个百分点左右。与此同时,表 3-2中栏目(3)的回归结果也表明了,表示激励性政策变量的系数全部为正,并全都在 5% 水平上显著,t 值也是非常稳定。也就是说,固定效应模型的回归结果表明了由浙江省级财政推行的激励性政策,促进了县市的地方经济增长。从系数的大小来看,激励性转移支付占县市地方财政收入的比重每提高 1 个百分点,县市经济增长提高 0.05 个百分点左右。值得进一步指出的是,浙江省财政厅出台这一政策的意图,是加强县市提高地方财政收入的激励,模型回归结果也意味着该项政策的实施过程中,县市地方财政收入增长很大程度上可能是在经济发展加快过程中完成的。另外,表 3-2 中的回归结果也表明,由省级财政体制决定的上解省比重变量的系数基本为负,但并不显著。也就是说,固定效应模型的回归结果表明了由省级财政体制决定的政府间财政分权与县市地方经济增长的相关性并不显著。当然,表 3-2 中这些回归结果,很大程度上与本章所选择的指标变量的测度有关。①

表 3-2　财政分权和激励政策对经济增长效果的回归结果(55 个县市)

名称	(1)	(2)	(3)	(4)
intercept	23.4694***	32.1481***	24.8276***	10.3417
	(5.47)	(8.07)	(4.34)	(0.64)
prhandin0	−0.2528***	−0.2359***	−0.2525***	−0.2325***
	(−3.20)	(−3.00)	(−3.19)	(−2.78)
princetrans	0.0449**	0.0515**	0.0462**	0.0494**
	(2.12)	(2.41)	(2.15)	(2.25)
rltaxb	−0.2550***	−0.2593***	−0.2576***	−0.2621***
	(−11.45)	(−11.03)	(−10.98)	(−10.92)

---

① 我们在分析由浙江省级财政体制决定的政府间财政分权与县市经济增长关系的过程中,也选择了其他 4 种测度指标,但都没有得到比正文中更好的回归结果,只能在以后的研究中再进一步深入。

续表

名称	(1)	(2)	(3)	(4)
pgdp	3.3336** (2.36)		3.0034* (1.78)	2.6106 (1.38)
prhandin2		−0.0877 (−1.58)	−0.0237 (−0.36)	0.0094 (0.13)
prtrans33				−0.0598 (−0.93)
prtrans2				−0.0196 (−1.20)
popu				0.1466 (1.05)
$F(Pr>F)$	11.91 (<0.0001)	11.78 (<0.0001)	11.89 (<0.0001)	10.78 (<0.0001)
R^2	0.7288	0.7269	0.7289	0.7306
N	495	495	495	495

备注:(1)本章回归采用的是 SAS 8.1 版的计量软件,通过 TSCSREG 方式的回归得到。(2)表中回归系数下方的括号内的数值表示 t 检验值。(3)F 值下方括号内的数值表示 P 值。(4) * 、** 、*** 分别表示在 10%、5% 和 1% 水平上显著。

从表 3-2 的回归结果还可以发现,地税税负增长 rltaxb 的系数符号为负,且都在 1% 水平上显著。也就是说,固定效应模型的回归结果表明了地税税负增长过快将会阻碍地方经济增长。而经济发展水平 pgdp 的回归系数为正,并比较显著。这可能与浙江省所处的经济发展阶段有关,目前浙江省还处于以工业经济增长为主要动力,而第三产业正快速发展的阶段。这一回归结果表明浙江省虽然是中国经济最为发达的地区之一,但在经济发展水平提高的过程中,经济增长水平仍然能够维持高速。县市总人口 popu 与地方经济增长的系数为正,但并不是很显著,可能与人口的统计口径有关。《全国地市县财政统计资料》中的县市人口是按照户籍,而浙江省 1995—2003 年的实际劳动人口还包含外来务工人员。

从浙江省县市经济发展的现实来看,浙江省在改革开放之前仅属于中国的中等发达地区,但近几年来人均国内生产总值、城镇居民可支配收入和农民人均纯收入一直名列全国前茅,仅次于北京、上海、天津 3 个直辖市。县域经济发达是浙江经济发展的一大特点,经济强县则是浙江经济发展的重要支撑力量。2002年,浙江省有24个县(市)进入全国百强县(市),总数列全国第一。2003年,浙江省进入全国百强县(市)行列的达到27个,占百强县(市)的1/4还多。2003年,全省58个县(市),除庆元县财政收入为9596万元之外,全部进入亿元县(市)行列。当然,虽然模型1回归结果确实表明了不同层级政府间财政分权和激励政策与县市经济增长显著的关系,但应该注意到影响经济增长的因素很多,本章分析财政分权和激励政策只是其中之一;而且地税税负增长与经济增长呈现显著的正相关关系。从浙江省的基本现实来看,税收增长过快也可能在未来发展阶段影响经济增长速度。

3.5 小结

众所周知,财政分权指标选择对财政分权与经济增长的实证研究非常关键。本章采用国税上缴比重和地方财政上解省比重,来分别测度中央财政体制和省级财政体制这两个层面的政府间财政分权。此外,采用激励性转移支付占地方财政收入比重,来测度激励政策的强度。在实证分析中,本章使用县市和时间双向固定效应模型,较好控制了样本的可比性和时间因素影响问题。计量回归结果表明:一是国税上缴比重与县市经济增长呈现显著负相关,说明了国税上缴比重的增加会阻碍县市经济增长。二是激励性转移支付比重与县市经济增长呈现较为显著的正相关,说明了浙江省财政实行的激励性财政政策,虽然在发达与欠发达县市的范围和比重方面有所差别,但激励性财政显然促进了地方经济增长。三是地方财政上解省比重与县市经济增长呈现负相关,但没有通过检验,说明浙江省财政体制主导的上解体制与县市经济增长的关系并不明确。同时还发现,地税税负的增长与地方经济增长呈现显著负相关,表明了税负水平提高过快会阻碍经济增长。在中国财政体制制度供给失衡的环境中,无论是采用省管县财政体制,还是市管县财政体制,都没有根本改变政治集权因素对县市财政分权的影响。事实上,政府间财政分权是一种组合,包含财政纵向和横向的不平衡问题的处置机制。因此,在省管县财政体制的改革以及省对县市激励性政策实践的过程中,都应该注重激励机制设计的合理性。一方面,要形成比较有效的机制来降低政治集权因素的影响。另一方面,要防止因税收征管激励过强,导致地方政府在经济发展过程中表现为"挖地三尺"与"竭泽而渔"。

附表 3-1　主要变量定义和统计描述(29 个发达县市)

变量	单位	定义	均值	标准差	最大值	最小值	样本数
rgdp	％	gdp 的年增长率	15.313	11.178	57.525	−16.034	261
princetrans	％	激励性财政政策	0.708	0.537	2.157	0	261
prhandin0	％	国税/地方财政总收入	50.739	6.160	67.683	34.146	261
prhandin2	％	上解省/地方财力	33.221	10.546	63.590	5.931	261
ltaxb	％	地方财政收入/gdp	2.931	1.203	6.304	1.043	261
rltaxb	％	ltaxb 的年增长率	9.178	20.502	109.113	−24.136	261
pgdp	万元	人均 gdp	1.362	0.593	3.831	0.290	261
trans2	千万元	专项补助和结算补助	4.227	2.960	16.096	0.298	261
prtarns2	％	trans2/地方财政收入	18.841	10.827	57.118	2.249	261
trans3	千万元	两税和所得税的返还	15.753	10.078	57.666	3.493	261
prtrans33	％	trans3/当年财政支出	47.839	18.783	123.092	18.419	261
prtrans3	％	trans3/当年财政收入	62.456	25.843	138.823	16.400	261
popu	万人	总人口	69.234	26.163	120.000	35.000	261

数据来源:财政部预算司编:《全国地市县财政统计资料》,中国财政经济出版社,1994—2003 年。

附表 3-2　主要变量定义和统计描述(26 个欠发达县市)

变量	单位	定义	均值	标准差	最大值	最小值	样本数
rgdp	%	gdp 的年增长率	13.007	8.886	47.289	−19.917	234
princetrans	%	激励/地方财政收入	51.573	52.250	250.562	0	234
prhandin0	%	国税/地方财政总收入	42.173	8.661	63.530	19.139	234
prhandin2	%	上解省/地方财力	14.369	11.186	41.515	0	234
ltaxb	%	地方财政收入/gdp	3.898	1.482	8.703	1.178	234
rltaxb	%	ltaxb 的年增长率	10.661	17.532	87.253	−30.319	234
pgdp	万元	人均 gdp	0.612	0.329	2.783	0.140	234
trans2	千万元	专项补助和结算补助	4.670	3.514	19.774	−0.073	234
prtarns2	%	trans2/地方财政收入	72.502	41.649	303.225	−1.349	234
trans3	千万元	两税和所得税的返还	3.854	3.087	18.973	0.633	234
prtrans33	%	trans3/当年财政支出	20.871	10.680	49.945	3.889	234
prtrans3	%	trans3/当年财政收入	48.342	20.878	117.583	12.289	234
popu	万人	总人口	37.519	23.226	122.000	8.000	234

数据来源:财政部预算司编:《全国地市县财政统计资料》,中国财政经济出版社,1994—2003 年。

附表 3-3　财政分权和激励政策对经济增长效果的回归结果（29 个发达县市）

名称	(1)	(2)	(3)	(4)
intercept	−13.9197 ** (−2.07)	1.4485 (0.22)	−9.2832 (−1.20)	−32.6250 ** (−1.98)
prhandin0	−0.0699 (−0.59)	−0.0395 (−0.33)	−0.0652 (−0.55)	−0.0253 (−0.19)
prince-trans	22.3064 *** (9.75)	22.1301 *** (9.37)	21.6948 *** (9.27)	21.3653 *** (8.82)
rltaxb	−0.5498 *** (−13.44)	−0.5699 *** (−13.91)	−0.5535 *** (−13.51)	−0.5435 *** (−13.10)
pgdp	5.3520 *** (3.08)		4.6762 ** (2.56)	5.0402 ** (2.46)
prhandin2		−0.1727 ** (−2.07)	−0.1046 (−1.21)	−0.0870 (−0.81)
prtrans33				−0.0660 (−0.87)
prtrans2				0.0085 (0.11)
popu				0.2088 (1.59)
F ($Pr>F$)	18.81 (<0.0001)	18.38 (<0.0001)	18.86 (<0.0001)	16.65 (<0.0001)
R^2	0.8410	0.8373	0.8421	0.8441
N	261	261	261	261

注:(1)本章回归采用的是 SAS 8.1 版的计量软件,通过 TSCSREG 方式的回归得到。(2)表中回归系数下方的括号内的数值表示 t 检验值。(3)F 值下方括号内的数值表示 P 值。(4)* 、** 、*** 分别表示在 10%、5%和 1%水平上显著。

附表 3-4　财政分权和激励政策对经济增长效果的回归结果(26 个欠发达县市)

名称	(1)	(2)	(3)	(4)
intercept	12.3101** (2.26)	17.3135*** (4.29)	12.0567** (2.14)	22.3208** (2.53)
prhandin0	−0.1136 (−1.16)	−0.1165 (−1.18)	−0.1139 (−1.16)	−0.0117 (−0.11)
princetrans	0.04613* (1.96)	0.0524** (2.25)	0.0454* (1.90)	0.0530** (2.04)
rltaxb	−0.1889*** (−6.23)	−0.1900*** (−6.14)	−0.1879*** (−6.07)	−0.2024*** (−6.18)
pgdp	5.0337 (1.35)		5.2735 (1.33)	4.4845 (1.13)
prhandin2		−0.0250 (−0.28)	0.0173 (0.18)	0.1048 (1.00)
prtrans33				−0.2758 (−1.65)
prtrans2				−0.0371** (−1.97)
popu				−0.6399 (−1.10)
F ($Pr>F$)	9.89 (<0.0001)	9.62 (<0.0001)	9.69 (<0.0001)	8.72 (<0.0001)
R^2	0.6862	0.6834	0.6862	0.6947
N	234	234	234	234

注:(1)本章回归采用的是 SAS 8.1 版的计量软件,通过 TSCSREG 方式的回归得到。(2)表中回归系数下方的括号内的数值表示 t 检验值。(3)F 值下方括号内的数值表示 P 值。(4)*、**、*** 分别表示在 10%、5% 和 1% 水平上显著。

参考文献

[1] Altunbas Y, Thornton J. Fiscal Decentralization and Governance[J]. Public Finance Review, 2012, 40(1): 66-85.

[2] Bardhan P. Decentralization of Governance and Development[J]. Journal of Economics Perspective, 2002, 16:185-205.

[3] Blanchard O, Shleifer A. Federalism with and without Political Centralization: China versus Russia[J]. IMF Staff Papers, 2001, 48, 171-179.

[4] Baskaran T, Feld L P, Schnellenbach J. Fiscal Federalism, Decentralization, and Economic Growth: A Meta-analysis[J]. Economic Inquiry, 2016, 54(3): 1445-1463.

[5] Cai H-B, Treisman D. Did Government Decentralization Cause China's Econimic Miracle? [J]. World Politics, 2006, 58(4): 505-535.

[6] Che J-H, Qian Y-Y. Insecure Property Rights and Government Ownership of Firms[J]. Quarterly Journal of Economics, 1998, 113(2), 467-496.

[7] Davoodi H, Zou H-F. Fiscal Decentralization and Economic Growth: A Cross-country Study[J]. Journal of Urban Economics, 1997, 43, 244-257.

[8] Devarajan S, Swaroop V, Zou H-F. The Composition of Public Expenditures and Economic Growth[J]. Journal of Monetary Economic, 1996, 37:313-344.

[9] Gemmell N, Kneller R, Sanz I. Fiscal Decentralization and Economic Growth: Spending versus Revenue Decentralization[J]. Economic Inquiry, 2013, 51(4): 1915-1931.

[10] Li P, Lu Y, Wang J. Does Flattening Government Improve Economic Performance? Evidence from China[J]. Journal of Development Economics, 2016, 123: 18-37.

[11] Liberati P, Sacchi A. Tax Eecentralization and Local Government Size [J]. Public Choice, 2013, 157(1-2): 183-205.

［12］ Ligthart J E, Oudheusden P. In Government We Trust: The Role of Fiscal Decentralization［J］. European Journal of Political Economy, 2015, 37: 116-128.

［13］ Lin Y-F, Liu Z-Q. Fiscal Decentralization and Economic Growth in China［J］. Economic Development and Cultural Change, 2000, 49: 1-21.

［14］ Jin H-H, Qian Y-Y, Weingast B R. Regional Decentralization and Fiscal Incentives: Federalism, Chinese Style［J］. Journal of Public Economics, 2005, 9:87-106.

［15］ Martinez-Vazquez J, McNab RM. Fiscal Decentralization and Economic Growth［J］. World Development, 2003, 31: 1597-1616.

［16］ Martinez-Vazquez J, Timofeev A. Regional-local Dimension of Russia's fiscal equalization［J］. Journal of Comparative Economics, 2008, 36(1): 157-176.

［17］ Oates W E. An Essay on Fiscal Federalism［J］. Journal of Economic Literature, 1999, 37: 1120-1149.

［18］ Qian Y-Y, Weingast B R. Federalism as a Commitment to Market Incentives［J］. Journal of Economic Perspectives, 1997, 11(4): 83-92.

［19］ Tiebout C. A Pure Theory of Local Expenditures［J］. Journal of Political Economics, 1956,64:416-424.

［20］ Weingast B R. Second Generation Fiscal Federalism: The Implications of Fiscal Incentives［J］. Journal of Urban Economics, 2009, 65 (3): 279-293.

［21］ Xie D, Zou H-F. Fiscal Decentralization and Economic Growth in the United States［J］. Journal of Urban Economics, 1999, 45:228-239.

［22］ Xu C-G. The Fundamental Institutions of China's Reforms and Development［J］. Journal of Economic Literature, 2011, 49(4):1076-1151.

［23］ Zhang T, Zou H-F. Fiscal Decentralization, Public Spending, and Economic Growth in China［J］. Journal of Public Economics, 1998, 67:221-240.

［24］ Zhuravskaya E V. Incentives to Provide Local Public Goods: Fiscal

Federalism，Russian Style[J]．Journal of Public Economics，2000，76（3）：337-368．

[25] 财政部预算司．全国地市县财政统计资料[M]．北京：中国财政经济出版社，1994—2004．

[26] 陈抗，A．L．Hillman，顾清扬．财政集权与地方政府行为变化——从援助之手到攫取之手[J]．经济学季刊，2002，2(1)：111-130．

[27] 陈硕，高琳．央地关系：财政分权度量及作用机制再评估[J]．管理世界，2012(6)：43-59．

[28] 才国伟，黄亮雄．政府层级改革的影响因素及其经济绩效研究[J]．管理世界，2010(8)：73-83．

[29] 才国伟，张学志，邓卫广．"省直管县"改革会损害地级市的利益吗？[J]．经济研究，2011(7)：65-77．

[30] 郭庆旺，贾俊雪．地方政府间策略互动行为、财政支出竞争与地区经济增长[J]．管理世界，2009(10)：17-27，187．

[31] 贾俊雪，郭庆旺，宁静．财政分权、政府治理结构与县级财政解困[J]．管理世界，2011(7)：30-39．

[32] 沈坤荣，付文林．中国的财政分权制度与地区经济增长[J]．管理世界，2005(1)：31-39．

[33] 王永钦，张晏，章元，陈钊，陆铭．中国的大国发展道路：论分权改革的得失[J]．经济研究，2007(1)：1-16．

[34] 王绍光．中国财政转移支付的政治逻辑[J]．战略与管理，2002(3)：47-54．

[35] 翁礼华．五十而知天命——财税改革随笔[M]．北京：中国税务出版社，1999．

[36] 翁礼华．古今中外话财政[M]．北京：经济科学出版社，2002．

[37] 吴云法．浙江省"省管县"财政体制研究[J]．经济研究参考，2004(86)：32-37．

[38] 吴金群，付如霞．整合与分散：区域治理中的行政区划改革[J]．经济社会体制比较，2017(1)：145-153．

[39] 肖文，周明海．财政分权与区域经济增长——基于省以下的实证分析[J]．浙江大学学报（人文社科版），2008(4)：73-83．

[40] 杨开忠,陶然,刘明兴.解除管制、分权与中国经济转轨[J].中国社会科学,2003(3):4-17,205.

[41] 严冀,陆铭.分权与区域经济发展:面向一个最优分权程度的理论[J].世界经济文汇,2003(3):55-66.

[42] 姚洋,杨雷.制度供给失衡和中国财政分权的后果[J].战略与管理,2003(3):27-33.

[43] 张光.财政分权省际差异、原因和影响初探[J].公共行政评论,2009(1):133-158,204-205.

[44] 张光.测量中国的财政分权[J].经济社会体制比较,2011(6):48-61.

[45] 张晏.分权体制下的财政政策与经济增长[M].上海:上海人民出版社,2005.

[46] 张晏,龚六堂.地区差距、要素流动与财政分权[J].经济研究,2004(7):59-69.

[47] 张闫龙.财政分权与省以下政府间关系的演变[J].社会学研究,2006(3):39-63,243.

[48] 郑新业,王晗,赵益卓."省直管县"能促进经济增长吗?——双重差分方法[J].管理世界,2011(8):34-44.

[49] 周黎安.中国地方官员的晋升锦标赛模式研究[J].经济研究,2007(7):36-50.

[50] 周黎安.晋升博弈中政府官员的激励与合作——兼论我国地方保护主义和重复建设问题长期存在的原因[J].经济研究,2004(6):33-40.

4 浙江奖励性转移支付、地方财政努力与经济增长

本章研究奖励政策对地方财政努力与经济增长的效果。样本包括浙江省时间跨度为1995—2003年的55个县市。实证表明,首先,浙江省这一包含个人奖励在内的奖励性转移支付是一种强激励机制,奖励性转移支付财政政策的实施,显著提高了地方财政努力,促进了地方税负增长。其次,奖励性财政政策与地方经济增长呈现正相关,说明奖励性财政政策并没有因为对税负增长的激励影响到经济增长。此外,经济发展水平对经济增长的影响是正的,浙江省经济增长速度不但没有随着经济发展水平的提高而下降,反而有所加快,说明数据时期内的浙江省还正处于经济快速发展阶段。

4.1 引言

作为大国经济或财政资源不足的发展中国家而言,省级财政都会普遍地承担调节本地区地方政府的财政努力激励和政府间财政关系的职能(张恒龙、陈宪,2007;傅志华、李三秀,2007;张光,2009,2011;才国伟、黄亮雄,2010;郑新业等,2011;Hochman et al.,1995;Tsui,2005;Li et al.,2016)。在中国财政分权体制改革中,1994年分税制改革就是为了解决"收"的体制问题,既能激励地方政府的财政努力又能提高地方的经济增长,一直是中国各级政府财政体制改革的主要目标之一。在中国的省级财政体制的政策实践中,浙江省在1994年分税制改革过程中不但延续了"省管县"财政体制,并率先开始实施包含个人激励在内的奖励性转移支付的财政政策(吴云法,

2004；翁礼华，1999，2002；贾康，2004；郭庆旺、贾俊雪，2009；谭之博等，2015)。此后，江苏在 2000 年的财政体制调整中开始仿效这一财政激励政策，而 2002 年之后十几个省份在试点"省管县"过程中，最为热衷仿效并首先实施的就是同样包含个人激励在内的奖励性政策。正如姚洋、杨雷(2003)所指出的，中国各级财政分权是在制度供给失衡的环境中运行的。那么，这些省级财政体制改革的实际绩效如何？省级财政的奖励性转移支付政策对地方财政努力能否形成有效激励？与此同时，会不会因地方政府的过度征税而影响到经济增长？关于这些问题的回答，对评估各个省份热衷仿效的奖励性政策的效果，以及今后如何针对政策实践中的问题设计一种更加合理的机制，显然都具有重要的指导意义。本章旨在通过省以下县市一级财政数据来研究省级奖励性转移支付财政政策的效果，结合作者对浙江省地方财政体制的调研，重点研究了浙江省奖励性财政政策对发达县市地方财政努力的激励效应，同时考察了该项财政政策对这些县市经济增长的影响。

从理论上讲，政府间转移支付体系一直是财政与分权理论的最主要研究内容之一(Tiebout，1956；Hochman et al.，1995；Oates，1999；Bardhan，2002；Weingast，2009；Xu，2011)。近来，关于如何处理政府间转移支付对地方政府财政努力、政府责任以及激励扭曲效应等问题，也受到越来越多学者的关注(Bardhan，2002；Alexeev and Kurlyandskaya，2003；Liu et al.，2016)。很多研究都认为，不带条件或非公式化的转移支付对地方财政努力具有负的激励(Oates，1999)。如何处理地方政府财政努力以及激励扭曲效应，也一直是政策实践中的难点(Bird and Smart，2002；Zhuravskaya，2000)。一般认为，需要在政策实践中把部分转移支付与地方财政努力以某种形式挂钩，以便形成一定的激励机制来弱化激励扭曲问题(Alexeev and Kurlyand-skaya，2003)。例如，印度政府规定地方政府财政努力越高，则转移支付的数量越多；而韩国则先确定一个标准税率，如果地方实际税率越低，则中央政府的转移支付就越低(乔宝云等，2006)。但可能是由于数据可得性以及数据与省级财政体制难以结合的因素，现有关注转移支付的文献主要集中于研究发达国家(Oates，1999；Inman，1988；Sato，2000)，而关注地方财政努力的文献主要是发展中或转型国家的案例研究(Bird，1994)。目前，还少有文献对省级财政的转移支付与地方政府财政努力的关系进行实证研究。而本章则是利用县市财政面板数据,对省级奖励性政策对地方财政努力与经济增长的影响进行实证研究。大量发展中国家与转型国家的现实表明,地方政府会因激励问题而阻碍经济增长(Blanchard and Shleifer,2001)。与之对应,在中国经济高速增长中地方政府则起到了重要作用,地方财政努力激励机制可能就是其中的一个关键性影响因素(Jin et al.,2005;Lin and Liu,2000;Panizza,1999;周黎安,2007;王永钦等,2007)。

本章以最早实施奖励性转移支付财政政策,并已经建立相对规范和较高透明度的转移支付体系的浙江省为例。利用来源于1995—2003年《全国地市县财政统计资料》中浙江省55个县市的财政面板数据,通过对浙江省财政厅一些相关部门与人员,以及2个地级市和6个县市的三轮调研访谈,把数据与浙江省的"省管县"财政体制,特别是与浙江省的奖励性转移支付政策结合起来,分解得到县市部分年份的奖励性转移支付的推测数据。通过县市时间固定效应模型(fixed-two effects model)来分析奖励性转移支付财政政策的效果。不仅考察浙江省奖励性政策对县市地方财政努力的激励效应,也考察该项财政政策对这些县市经济增长的影响。研究发现,奖励性转移支付财政政策的实施,在显著提高地方财政努力的同时,与县市地方经济增长也呈现正相关关系。

本章接下来的部分安排如下:4.2节为转移支付对地方财政努力与经济增长研究文献的简要回顾;4.3节为数据样本与分析方法的说明;4.4节为变量说明、计量模型与实证结果;4.5节为本章的小结。

4.2 文献简要回顾

对于政府间转移支付与财政努力之间关系的理论研究,现有财政分权文献可大致分为两类:第一类文献在地方政府财政利益最大化的假设下认为,由于地方政府会在获取更多上级政府的转移支付和增加本地税收之间权衡,而选择获取成本更低的转移支付,因此,转移支付与本地税收之间存在替代关系(Knight and Shi,1999;Sato,2000;Altunbas and Thornton,2012;Liu et al.,2016)。这一理解是在假定地方政府财政支出固定的条件下得出的,但即使放松这一假定条件,转移支付与本地税收之间确实存在某种替代关系。第二类文献是基于"黏纸效应"(flypaper effect)的理解。他们认为地方政府在安排财政支出的时候,由于把来自上级政府转移支付的财力当作"别人的钱",不会像使用本地税收——"自己的钱"一样珍惜,地方财政支出对转移支付的收入的弹性,比对本地财政收入的弹性大得多。因此,他们认为政府间的转移支付会降低地方财政努力的程度,存在着负的激励效应(Hines and Thaler,1995;Oates,1999;Baskaran et al. ,2016)。

关于转移支付与地方财政努力之间的关系,实证研究一般都趋向认为,不加条件的转移支付对地方政府的财政努力存在负的激励(Alexeev and Kurlyandskaya,2003;Gemmell et al. ,2013)。因此,在设计政府间转移支付体系时,必须考虑如何弱化转移支付激励扭曲效应的机制(Dahlby,1996;Boadway and Michael,1996)。不过,已有的关于转移支付与地方财政努力之间关系的实证研究还远没有形成一致公认的结论(Oates,1999;Bardhan,2002;Faguet,2004)。可能是由于数据的因素,关于转移支付与地方财政努力的替代关系还少有实证研究的文献。同样的原因,现有文献中采用计量经济学方法来验证第二类理论观点的研究,基本集中于美国、德国、加拿大等发达国家,主要分析了这些国家转移支付的"黏纸效应"与政策绩效。In-man(1988)发现在公式化转移支付中,上级政府的条件转移额的比例往往远远高出合理程度,造成地方政府没有足够的刺激收税而过多依赖于上级政府的转移支付,地方政府财力缺口和地区间财政不平衡问题也不会公式化转移支付的增加而消失。但这种"黏纸效应"在 Gamkhar(1987)那里并没有得到证实,他发现当中央政府的财政转移支付下降时,地方政府会增加地方财政努力,以弥补财政支出中的不足部分。而 Stine(1994)通过实证研究,又为"黏纸效应"提供了证据,认为地方政府不可能通过增加财政努力来填补转移支付的缩减部分。

拉丁美洲一些国家的财政分权改革受到了学者的普遍关注,Bird 和 Michael(2002)在研究哥伦比亚的分权改革过程时,发现哥伦比亚的地方政府受到的转移支付中只有 4%用于提高政府支出,而 96%都是用于减少地方税收。研究表明了在哥伦比亚地方政府所得到的政府间转移支付与财政支出之间呈现出很强的负相关性,转移支付的比例越高,则地方财政努力程度越低,从而得出了转移支付降低地方政府财政努力的结论。在墨西哥分权改革的过程中,地方政府随着收到的政府间转移支付的增加,地方财政努力程度却在下降,甚至当政府间转移支付以包含财政激励因素的配套补助形式执行时,地方财政赤字仍在增加(Nickson,2001)。还有研究发现,墨西哥的政府间转移支付与财政努力之间存在负的相关性,并进一步发现转移支付对地方财政努力的负激励效应在人口少而贫穷的地区越加明显(Bird and Michael,2002)。

转型国家的地方政府财政激励问题一直是财政分权理论的研究重点。目前,俄罗斯区域分权中转移支付地方财政努力的激励问题正越来越受关注(Blanchard and Shleifer,2001;Zhravskaya,2000;Alexeev and Kurlyandskaya,2003),Zhravskaya(2000)研究了俄罗斯的财政分权与地方政府提供公共产品积极性之间的关系,认为俄罗斯地方经济增长过慢的原因就在于地方政府因激励不足,而导致地方公共产品供给不足。基于覆盖面更广的数据,Alexeev 和 Kurlyandskaya(2003)进一步验证了这一观点,认为地方经济增长与地方财政努力的激励相关。还有,研究转型经济的部分文献认为,中央与地方政府之间的财政分权对地方财政努力存在激励效应(Jin et al.,2005;Lin and Liu,2000),Qian 和 Roland(1998),Qian 和 Weingast(1997)研究了中国经济转型过程中财政分权对地方政府发展经济和扩大税源的财政激励效应,认为地方政府因财政自主决策权与地方财政努力激励,通过地方公共产品的供给与地方制度环境的改善促进地方经济增长,是中国渐进式制度转型过程中实现经济快速发展的关键所在,这些理论观点也得到了一些实证的支持(Jin et al.,2005;张晏、龚六堂,2004;Lin and Liu,2000)。值得注意的是,中国各级政府的财政分权,是在制度供给失衡的环境中进行的(姚洋、杨雷,2003)。近来,已有文献开始关注中国分权对地方政府财政激励的扭曲问题,以及政治制度对财政激励效应的影响(周黎安,2007;王永钦等,2007)。此外,关于中国转移支付制度的研究文献,基本集中在转移支付对财政均等化的影响。而乔宝云等(2006)则利用中国省级的财政面板数据,分析了转移支付对地方财政努力的影响。

4.3 数据样本与分析方法

为了研究奖励性财政政策对地方财政努力和经济增长的影响,本章主要以浙江为例。之所以选择浙江省的原因在于:浙江省是最早开始实施奖励性转移支付财政政策的省份,数据年份比较长,有利于实证研究。同时,浙江省的财政体制是中国分税制以来,最为稳定的省级财政体制,其他省份的财政体制在 1994 年以后的年间都发生了不同程度和范围的调整。浙江省一直保持财政"省管县"体制,1994 年分税制以来,浙江省在上解体制一直保持稳定不变的条件下,政府间转移支付体系则是逐年规范。中央对浙江省的转移支付在分税制前后没有显著增加,浙江省省级财政的转移支付资金主要来源于省内发达地市和县市的上解。浙江省对发达县市的奖励性转移支付的财政政策为:1995 年,欠发达县市以 1994 年地方财政收入实绩为基数,地方收入每增加 100 万元,省财政奖励 5 万元,用于县主要领导及财税部门的奖励。该项政策在不同年份所包含的欠发达县市的数目上有所调整。1999 年起,省财政对欠发达县市实施财源建设技改贴息补助政策,增加了技改贴息奖励。[①] 1997 年起,发达县(市)的技改补助和奖励与地方财政体制收入比上年的增收上缴额相联系(环比),[②]也就是增收上缴的 11% 和 4%,前者作为技改奖励,后者作为奖金,用于五套班子主要领导与财税部门;其他县(市)为 10% 和 5%。

4.3.1 数据来源

本章数据主要来源于《全国地市县财政统计资料》,时间跨度为 1994 年

---

① 1999 年开始,在保持奖金部分不变的同时,欠发达县市奖励性转移支付的具体财政政策调整为:地方财政体制收入比上年增加额与省财源建设技改贴息补助挂钩(环比),补助比例:国家级贫困县景宁、文成、泰顺为增加额的 20%,其余为增加额的 10%,专项用于财源建设的技改贴息。

② 发达县市技改补助和奖励联系比例为:1996 年地方财政收入 2 亿元以上的县(市),即市(地)、县(市)地方财政增收上缴(环比)100 万元,省财政给予技改补助 11 万元和奖金 4 万元。1998 年省财政适当加大"两保两联"政策的挂钩力度,增加了 5 个百分点作为技改补助,以加大各级政府技改资金的投入,即奖励增加到增收上缴额的 20%,但作为奖金的部分比例不变。

至 2003 年,《全国地市县财政统计资料》是目前有关中国县市一级财政最为详细的数据库。该数据库主要包含了地市、县市财政的四方面数据:收支部分主要包含地市、县市地方财政收入与支出的一般预算收支数据,具体数据项与一般的财政统计年鉴基本相同;平衡部分主要包含地市、县市与省级财政之间各种上解和转移支付的财政数据,主要反映省级财政体制与省级转移支付体制,数据项包含原体制上解、专项上解,以及县市基层政府得到的各种移支付;主要经济指标部分包含地市、县市的国税、GDP、不同产业产值和财政供养人口等数据;基金部分(从 1999 年开始)分别包含地市、县市的各类基金的收支和平衡的财政数据。由于 1994—1997 年《全国地市县财政统计资料》中反映地方经济发展指标采用的是工农业生产总值,所以本章中这几年浙江省各个县市的 GDP 数据来源于《浙江省建国五十年统计年鉴》。此外,《全国地市县财政统计资料》数据库中的 2002 年、2003 年的各个县市的总人口的补充数据来源于这两个年份的《浙江省统计年鉴》。欠发达县市1995—1997 年的奖励性转移支付数据,以及 1998 年的基数来源于《浙江省财政体制理论与实践》以及相关著作(翁礼华,1999,2002)。

4.3.2 数据处理

为了分析浙江省奖励性转移支付的政策效果,我们在数据处理过程中主要面临两方面的困难:一是数据库中不同年份之间的数据项名称及其含义的高度非一致性,在数据处理过程中需要明确不同年份、不同数据项所代表的财政政策的含义。[①] 二是如何把中央财政体制及其变动,特别是省一级财政体制、转移支付体系及其运转与数据库中的数据含义结合起来。[②] 为此,我们对浙江省财政体制进行了调研,调研范围包含浙江省财政厅部分相

[①] 1994—1999 年的转移支付有"专项补助"和"两税返还",其中省级转移支付全部都归到"专项补助",2000 年的转移支付项目栏有"专项补助、两税返还、增发国债补助、各种结算补助"等 4 项,2001 年项目栏增加到"专项补助、两税返还、过渡期转移支付、增发国债补助、增加工资补助、调整收入任务增加或减少补助、各种结算补助"等 7 项,在此基础上,2002年增加了"农村税费改革转移支付补助",而"过渡期转移支付"在数据项中名称则改为"一般性转移支付"。2003 年则又增加了"农业税减免及企事业单位预算划转",共 9 项。

[②] 现有关于中国转移支付的研究中,以及利用《全国地市县财政统计资料》的研究文献的问题,是默认县市基础政府得到的转移支付是来自中央政府。事实上并非如此,省级财政体制对县市得到什么样的转移支付的影响是非常大的。

关部门,金华和温州 2 个地级市,萧山、富阳和永康 3 个发达县市,永嘉、文成和武义 3 个欠发达县市,以及这些县市的部分乡镇。[①] 在此过程中,对部分县市与部门进行了三轮次的调研。通过调研发现,浙江省财政体制及其运转,特别是省级财政体制中的转移支付体系,集中体现在《全国地市县财政统计资料》的平衡部分。[②] 数据中,2001 年《全国地市县财政统计资料》平衡部分中的"过渡期转移支付",2002 和 2003 年的"一般性转移支付"数据项就是这些发达县市得到的奖励性转移支付的实际数值。发达县市 1997—1999 年的奖励性转移支付的数值需要从"专项补助"数据项中分解得到,而 2000 年的数值则需要从"结算补助"数据项中分解得到。发达县市奖励性转移支付的具体数据推算公式如下:

1997—2002 年　　当年奖励性转移支付＝(当年地方财政收入－上年地方财政收入)×20％×20％[③]

2003 年　　　　　当年奖励性转移支付＝(当年地方财政收入－上年地方财政收入)×5％

　　对于欠发达县市而言,1995—1999 年的奖励性转移支付的数值需要从专项补助中分解,其中 1995—1997 年是实际数值,1998—1999 年是推算值;而 2000 年的数值则需要从"结算补助"数据项中分解得到,2001 年的数值需要从"过渡期转移支付"数据项中分解得到,2002 和 2003 年的数值则需要从"一般性转移支付"数据项中分解得到。欠发达县市奖励性转移支付的具体数据推算公式如下:

1995—1998 年　　当年奖励性转移支付＝(当年地方财政收入－上年地方财政收入)×5％

1999—2002 年　　当年奖励性转移支付＝(当年地方财政收入－上年地方财政收入)×15％[④]

---

　　① 我们在调研过程中发现,各级政府对于财政体制都比较敏感,这一点无论是在与浙江省财政厅厅长,还是县市财政局局长,以及具体部门负责人的访谈中都能够明确感受到,他们对许多财政体制及其运转问题都采取回避的态度。而浙江省发达县市的财政部门对访谈的态度则相对开放一些。

　　② 通过调研发现,2000 年浙江省各个县市的专项上解(增收上解)被并入到其他上解一栏,我们在数据归整中也作了相应处理。

　　③ 其中发达县市 1997 年是增收上缴的 15％。

　　④ 其中文成、泰顺和景宁三个国家级贫困县是 25％。

2003 年　　　　　　当年奖励性转移支付＝（当年地方财政收入－上年地
方财政收入）×10％

从推算所得的 2001 年奖励性转移支付数值与 2001 年实际数值之间的
比较来看,通过推算得到的数据与实际数据之间的误差还是比较小的。一
般误差在 1％～2％,一些县市的误差不到 3‰。除个别县市之外,最大的误
差不到 5％。误差产生的原因在于各个县市与省级财政体制结算是当年财
政收入需要经过省级财政体制口径的统一,而我们在数据推算是则是采用
了《全国地市县财政统计资料》数据库中的实际数值。

4.3.3　样本

由于宁波在 1988 年列为计划单列市,与中央财政直接结算,本章分析
中不包含宁波及其所属的县市。除宁波外,浙江省 1994 年的行政区划一共
包含 10 个地级市和 58 个县(市),2003 年浙江省行政区划共包含 10 个地级
市和 53 个县市。由于地级市主要包含城区,基本不包含农村地区,因此考
虑到数据的可比性,本章分析中暂不包含 10 个地级市。1994 年至 2003 年
期间,萧山、余杭、金华、丽水和衢州分别在不同年份发生行政区划的调整。
其中金华县和丽水市是在 2000 年并入金华和丽水地级市,衢县是在 2002
年并入衢州市,因为这三个县在行政区划调整之后,分别被分拆到地级市所
属的不同城区,不能通过数据处理来恢复这几个县在行政区划调整后的数
据。而萧山和余杭虽然在 2000 年并入杭州,但财政体制仍然"省管县",结
算关系也维持与省财政厅结算,而没有与杭州市财政结算,因此本章样本中
仍然包含萧山与余杭。在本章分析中,我们利用县市的代码把不同年份的
数据连接在一起,组成一个包含浙江省的 55 个县市,时间跨度为 1994 年至
2003 年的面板数据。

接下来,考虑到浙江省财政体制的具体财政政策是依据发达还是欠发
达县市的"分类指导"原则,奖励性转移支付的财政政策也是如此。欠发达
县市开始实施奖励性转移支付的财政政策是在 1995 年,发达县市开始实施奖
励性转移支付的财政政策是在 1997 年,并且两者之间的奖励比例(力度)稍有
不同。基于浙江省奖励性转移支付财政政策的范围划分标准,我们依据县市
是否得到针对欠发达县市的均等化转移支付,把数据库进一步分解成发达县

市和欠发达县市两个样本组。其中发达县市的组别包含 29 个县市样本,欠发达县市的组别包含 26 个县市样本,时间跨度均为 1994—2003 年。

4.3.4 分析方法

为了分析奖励性转移支付对地方财政努力和经济增长的影响,需要对其他影响地方财政努力和经济增长的因素加以控制。影响财政努力和经济增长的因素可以分可观测到的和观测不到的两类。对于可以观测到的因素,我们可以将其直接引入回归模型。那些观测不到但又影响财政努力和经济增长的因素又可以分为两种,即随时间变化的和不随时间变化的。为了控制县市中观测不到并且不随时间变化的因素,我们使用县市时间固定效应模型(fixed-two effects model),来避免 2000 年之前是中国经济高速增长期和 2000 年之后是财政收入高速增长期的影响。

考虑到测度地方财政努力的指标,如果采用地方税负则可能所包含的影响因素过多,本章采用地方税负的年增长来测度地方财政努力。此外,由于本章实际利用的年增长数据是从 1995 年开始,而欠发达县市的奖励性转移支付财政政策的实施年份恰恰是在 1995 年,在本章的基本回归分析中,我们使用了包含 55 个县市 1995—2003 年共 495 个观测值的样本组。在敏感度检验中,使用了分别包含 26 个欠发达县市和 29 个发达县市的样本组。在本章对回归结果进行敏感度分析时,不但可以检验基本模型回归结果的稳健性,也可以进一步考察奖励性财政政策的激励效应在欠发达与发达县市之间是否存在差异。

4.4 计量模型与回归结果

为了分析奖励性转移支付的财政政策对地方财政努力和经济增长的影响,即浙江省包含个人奖励在内的强激励机制对地方财政努力的激励效应,以及该项财政政策对地方经济增长的作用,我们在明确了本章回归中使用的变量定义之后,采用三组计量模型,分别衡量奖励性转移支付对地方财政努力和经济增长的影响,以及奖励性转移支付财政政策效果的时间趋势,并进行了相应的回归结果的敏感度分析。

4.4.1　变量定义和统计描述

对于地方财政努力的测度指标,在现有文献中比较多的是选择地方财政收入的年增长率和税负指标(Alexeev and Kurlyandskaya,2003)。由于地方税负的经济指标在中国经济发展和财政体制中所涉及的因素过多,因此本章选择地方税负增长作为地方财政努力的测度指标。这样选择的好处还在于:一是本章注重研究的是省级财政政策中奖励性转移支付对地方财政努力和经济增长的影响,从浙江省财政政策的实践来看,省级财政体制激励的主要是地方财政收入的增长和地税税负水平的提高,因此采用地税税负增长比较具有合理性。二是由于各个县市的人口、GDP 数据和财政结算口径在浙江省是随行政区划调整同步进行的,因此地方税负增长的指标仅仅涉及几个乡镇的局部行政区划调整的影响,也避免了使用地方财政收入增长的测度指标在这方面的缺陷。①

在政府间转移支付体系中,影响地方财政努力和经济增长的因素是多方面的。已有文献关于转移支付与财政努力之间关系的研究表明,无条件或者是没有与财政努力挂钩的财力性补助性质的转移支付,很可能会降低地方基础政府的财政努力程度(Oates,1999)。而转移支付的额度在地方政府可用财力中的占比过大,也会因造成地方政府的财政依赖(fiscal dependent)而降低地方财政努力程度。因此,我们在研究浙江省奖励性转移支付对财政努力与经济增长的政策效果时,需要控制其他类型的转移支付财政政策对地方财政努力与经济增长的影响。在浙江省的财政政策中,主要集中体现为由省级财政决定的条件性转移支付,即专项补助加结算补助,还有是由中央财政体制决定的税收返还的转移支付。此外,按照现有文献的研究结果,政府间财政分成和经济发展水平等测度的变量也同样可能与地方财政努力存在着相关性(Jin 等,2005;Lin and Liu,2000)。本章在回归模型中,把其他类型转移支付作为主要控制变量的同时,也考虑了反映经济发展水平和政府间财政分成的变量组合作为控制变量。为了更好理解本章的变

---

① 在浙江省,进入 20 世纪 90 年代中期以后,涉及几个乡镇的局部行政区划调整发生过多次,如 1997 年杭州市从萧山划走三个沿钱塘江的乡镇,1998 年温州市从瑞安市划走两个乡镇。但本章采用的测度地方财政变量的指标地税税负增长,可以不受这种小幅度行政区划调整的影响。

量、变量定义,以及变量与数据库的对应关系,列表说明如下(见表4-1)。

表 4-1　主要变量定义和统计描述

变量	单位	定义	均值	标准差	最大值	最小值	样本数
ltaxb	%	地方财政收入/gdp	3.388	1.425	8.703	1.043	495
rltaxb	%	ltaxb 的年增长率	9.879	19.151	109.113	−30.319	495
rgdp	%	gdp 的年增长率	14.223	10.215	57.525	−19.917	495
pgdp	万元	人均 gdp	1.064	0.617	3.831	0.177	495
prprize	%	奖励/地方财政收入	1.290	1.452	7.943	0	495
trans2	千万元	专项补助和结算补助	4.769	3.245	19.774	−0.073	495
prtarns2	%	trans2/地方财政收入	44.138	39.004	303.225	−1.349	495
trans3	千万元	两税和所得税的返还	10.128	9.659	57.666	0.633	495
prtrans33	%	trans3/当年财政支出	35.090	20.521	123.092	3.889	495
prtrans3	%	trans3/当年财政收入	55.784	24.634	138.823	12.289	495
prhandin11	%	handin1/地方可用财力	8.233	5.423	21.523	0	495

　　对于表 4-1 中部分变量的基本统计描述,需要结合浙江省各个县市的基本情况作进一步说明。在浙江省各个县市 1994—2003 年的数据中,地税税负水平最低的县市并非经济发展水平最低的县市,也非经济发展水平最高的县市,而是经济发展水平处于中等的湖州市所辖的 3 个县市 2001 年之前的税负水平。测度地方财政努力程度的指标地税税负 ltaxb 最小值是 1996年的长兴,1994—2000 年长兴的税负水平一直排在浙江省的最低水平内(最低的前十位),湖州的德清也是比较低的。湖州是浙江省招商引资力度相对最大的地区,实际利用外资的数额也相对最高,这些县市的地税税负水平一直维持浙江省最低水平可能与招商引资中的减免税有关。地税税负 ltaxb 最大值是 2003 年的义乌,这可能也说明地税税负水平不但与经济发展水平有关,也与该地区的产业结构相关。与此相对应,rltaxb 的最大值是 2001 年的德清,达到 109.113%。排在第二位的是同年的长兴,从数据来看,湖州地区的 3 个县市在 2001 年所得税体制调整中的地税税负增长普遍比较大。2001 年刚好是中央财政进行所得税分享体制的调整,整个浙江省该年的地方财政收入年增长接近 50%。rgdp 最大值是 1995 年的永康市,该年永康市不锈钢保温杯产业爆发性兴起,当年的保温杯的销售额就超过 20 亿元。

pgdp 最大值是 2003 年的绍兴,排在前列的还有萧山。trans2 最大值是 2000 年的萧山,而 handin11 最大值是 2003 年的萧山,两者之间可能预示着两种财政政策之间的相关性。

表 4-2　变量间相关系数(N＝261;Prob ＞ |r| under H0:Rho＝0)

variable	rltaxb	ltaxb	pgdp	rgdp	prprize	prtrans2	trans2	trans3	prtrans3	prtrans33
ltaxb	0.2777 <0.0001									
pgdp	0.0837 0.0626	0.0470 0.0925								
rgdp	−0.5045 <0.0001	−0.1510 0.0008	−0.0378 0.4012							
prprize	0.5435 <0.0001	0.5683 <0.0001	−0.1496 0.0008	−0.2351 <0.0001						
prtrans2	0.0089 0.8428	0.1414 0.0016	−0.5096 <0.0001	−0.1234 0.0060	0.2119 <0.0001					
trans2	0.0984 0.0285	0.5256 <0.0001	0.2882 <0.0001	−0.1407 <0.0001	0.2421 <0.0001	0.2105 <0.0001				
trans3	−0.0746 0.0971	0.0424 0.3462	0.7551 <0.0001	0.0670 0.1361	−0.2284 <0.0001	−0.5845 <0.0001	0.2379 <0.0001			
prtrans3	−0.4834 <0.0001	−0.7371 <0.0001	−0.1148 <0.0001	0.3529 <0.0001	−0.5767 <0.0001	−0.1943 0.0012	−0.4859 <0.0001	0.0504 <0.0001		
prtrans33	−0.3612 <0.0001	−0.5926 <0.0001	0.2781 <0.0001	0.2994 <0.0001	−0.5449 <0.0001	−0.5933 <0.0001	−0.3769 <0.0001	0.4328 <0.0001	0.7960 <0.0001	
prhandin11	0.2089 <0.0001	0.1739 0.0001	0.5970 <0.0001	−0.1471 0.0010	−0.0127 0.7780	0.5080 0.0495	0.3695 <0.0001	0.5806 <0.0001	−0.2303 <0.0001	0.1208 0.0071

从表 4-2 中可以看出,地方财政努力指标 rltaxb、ltaxb 与经济发展水平指标 pgdp 呈正相关,其中 ltaxb 的相关系数更大一些,为 0.0837。同时都是与经济增长指标 rgdp 呈负相关,其中 rltaxb 的相关系数更小一些,为−0.5045。地方财政努力指标 rltaxb 与不同类型转移支付之间的情况是,rltaxb 与由浙江省财政体制决定的专项加结算补助 trans2、prtrans2 的相关系数都为正,而与由中央财政体制决定的税收返还的不同指标 trans3、prtrans3、prtrans33 之间的相关系数都为负。与此同时,ltaxb 与省级转移支付的实际数值指标 trans2 之间的相关系数都为正,而与税收返还的比例指标 prtrans3、prtrans33 之间的相关系数都为负。此外,地方财政努力指标 rltaxb、ltaxb 与上解指标 prhandin11 之间的相关系数都为正,但 rltaxb 的相关系数更大。

4.4.2 奖励性转移支付对地方财政努力的影响

为了分析浙江省奖励性转移支付对县市基层政府财政努力的影响,构建县市固定时间效应模型1如下:

$$\text{rltaxb}_{i,t} = \alpha_0 + \alpha_1 \text{prprize}_{i,t} + \alpha_2 \text{lagltaxb}_{i,t} + \alpha_3 X_{i,t} + \alpha_4 Y_{i,t} + \varepsilon_{i,t} \tag{1}$$

模型1中:i为浙江省55个发达县市的ID($i=1,2,\cdots,55$),t为统计年份($t=1995,1996,\cdots,2003$),由于回归模型中采用了增长指标,因此数据从1995年开始,时间跨度为9年。考虑到地税税负水平指标ltaxb所涉及的经济发展因素、行政区划调整和政策的政治动机等因素过多,我们用地税税负的年增长率rltaxb来测度地方财政努力水平,作为被解释变量。$\text{prprize}_{i,t}$表示浙江省财政厅对第i个县市在t年的奖励性转移支付的政策力度。使用滞后一期的税负变量$\text{lagltaxb}_{i,t}$主要是考虑到地税税负水平对下一期税负年增长会存在直接影响,税负水平越高,税负增长可能会更加困难。$X_{i,t}$是表示可能影响地方财政努力的不同类型转移支付因素,考虑到专项加结算补助在浙江省财政政策实践中虽然多数都是通过公式化来实行的转移支付,但县市只有在年中甚至年末时才知道按照什么样的方式可以得到多少金额,这是一种事中甚至事后的激励机制。与之对应,税收返还是在1994年实行分税制就明确的公式化转移支付,是一种事前的激励机制。因此在模型1中具体使用的变量是prtrans2、prtrans3,lagprtrans2是prtrans2滞后一期的数据。$Y_{i,t}$是随经济发展水平或者是时间变化的因素,而经济发展水平也是影响地方税负增长的因素,与此模型1中具体采用的变量是pgdp。

本章在进行奖励性转移支付财政政策对地方财政努力效果的固定效应模型回归的同时,也回归了随机效应模型。因为在回归中大多数随机效应模型的Hausman检验都没有通过,因此正文中只报告固定效应模型的回归结果,固定效应模型1的回归结果在表4-3中列示。表4-3中列示了5组不同控制变量组合的回归,在这些回归结果中,奖励性转移支付政策变量的系数全部为正,并全都在1%水平上高度显著,t值也是非常稳定。回归结果表明,奖励性财政政策实施力度按照地方财政收入比例提高1%,县市一级的地税税负的年增长率提高将近2%。也就是说,固定效应模型的回归结果表明了浙江省的奖励性转移支付财政政策对地方财政努力激励效果是非常明显的。

表 4-3　奖励性转移支付对地方财政努力效果的回归结果

名称	(1)	(2)	(3)	(4)	(5)
intercept	52.7577*** (9.78)	63.0590*** (12.95)	83.4609*** (10.14)	91.0859*** (10.23)	84.2858*** (6.62)
prprize	1.8983*** (3.35)	2.0580*** (4.09)	1.8454*** (3.67)	1.4426*** (2.71)	
lagltaxb	−12.7311*** (−12.72)	−12.6521*** (−14.28)	−13.6229*** (−14.60)	−14.5594*** (−14.23)	−15.5115*** (−12.62)
prtrans3		−0.5543*** (−10.91)	−0.6032*** (−11.43)	−0.5908*** (−11.18)	−0.6593*** (−7.52)
pgdp			−7.7419*** (−3.06)	−8.9476*** (−3.47)	−15.0729*** (−4.82)
prtrans2				−0.0627** (−2.19)	−0.0816** (−2.80)
logprize					9.8528*** (4.45)
F $(Pr > F)$	8.53 (<0.0001)	7.10 (<0.0001)	7.11 (<0.0001)	7.14 (<0.0001)	7.54 (<0.0001)
R^2	0.7278	0.7869	0.7915	0.7938	0.7924
N	495	495	495	495	495

注：(1)本章回归采用的是 SAS 8.1 版的计量软件，通过 TSCSREG 方式的回归得到。(2)表中回归系数下方的括号内的数值表示 t 检验值。(3)F 值下方括号内的数值表示 P 值。(4)*、**、*** 分别表示在 10%、5% 和 1% 水平上显著。

　　正如前文所指出的，浙江省各个县市能够得到的奖励性转移支付相当于当年地方财政收入比上年增收部分的 4%，其中的 1/4 用于主要领导与财税部门的奖金，3/4 由于企业技改补助或者是技改贴息，这是包含政府主要领导和关键部门人员的强激励机制。奖励性转移制度的政策变量与地方财政努力之间的重要正相关关系，也与我们的预计相符。此外，正相关关系也与浙江省财政厅实施该项政策的目标相符，浙江省财政厅 1997 年出台奖励性的财政政策，是因为当时需要通过加大均等化转移支付的力度，来消减欠发达县市的财政赤字，以及加强省级财政对县市的财政收支与经济发展的调控能力。这些财政政策目标的实现都需要发达县市提高财政收入的积极性。对浙江省财政体制调研表明，1996 年之后，如何加快预算外的政府收入进入一般预算内的范围，是当时国家和省级财政工作的主要内容。浙江省这一奖励性财政政策中对县市五套班子主要领导的奖励,在客观上对县市内"条块"之间利益关系的协调与激励作用还是比较明显的,不但降低了教育、交通和城建等部门政府性收费资金进入预算内的协调成本,也对这些部门的主要领导与财政部门形成了有效的激励。奖励性财政政策这一激励作用是在没有实际增加企业负担的条件下的地税税负增长,只是涉及政府财政收入范围的调整。此外,奖励性财政政策中还包含对县市一些发展较好的企业进行技改补助和技改贴息,技改贴息使企业不但可以以较低成本得到贷款,更为重要的是使得这些企业通过县市地方政府的支持而容易得到银行的贷款额度。值得指出的是,奖励性财政政策的激励作用是通过地方政府经济发展的积极作用来实现的。

当然,在调研过程中,各个县市的财政与税收部门的人员也指出,1997年之后发达县市地税税负增长的加快,也与税收征管方式的改进和税收征管力度的加强密切相关,1997年之后税收部门对企业的税收监管的次数成倍增加,力度也明显加强。因此,本章在分析奖励性财政政策对地方财政努力影响的同时,需要分析该项政策对地方经济增长的作用,来考察奖励性财政政策会不会因为对地方税收激励过强,而不利于地方经济增长。

从表 4-3 的回归结果还可以发现,由中央财政体制决定的税收返还 prtrans3 对地税税负增长的回归系数为负,而由省级财政体制决定的滞后期的专项加结算补助 prtrans2 对地税税负增长的回归系数则也是为负,两者基本都在 1% 水平上显著,前者更加稳定。[①] 而经济发展水平 pgdp 的回归系数为负,说明随着县市经济发展水平的提高,地税税负增长是减缓的;但在本章未列示的,以地税税负为被解释变量的回归中发现,经济发展水平 pgdp 与地税税负水平之间是正相关关系,说明随着县市经济发展水平的提高,地税税负水平是增加的。这就意味着税负增长的快慢可能是影响地方经济增长的更为关键的因素。

4.4.3　奖励性转移支付对地方经济增长的影响

在进行奖励性财政政策对地方财政努力影响的分析中,我们注意到该项政策可能会对地方收税激励过强而不利于经济增长。为了分析浙江省奖

---

① 在表 4-3 中(3)的回归中,专项加结算补助对地税税负影响,在 1% 水平上显著。

励性转移支付对地方经济增长的影响,构建县市时间固定效应模型 2 如下:

$$\text{rgdp}_{i,t} = \alpha_0 + \alpha_1 \text{prprize}_{i,t} + \alpha_2 \text{rltaxb} + \alpha_3 X_{i,t} + \alpha_4 Z_{i,t} + \varepsilon_{i,t} \quad (2)$$

模型 2 中,i、t 和 iprize 的含义与模型 1 相同。被解释变量为 $\text{rgdp}_{i,t}$,表示浙江省不同发达县市在不同年份的 gdp 年增长率。$X_{i,t}$ 是不同类型转移支付对地方经济增长的影响,在模型 2 中转移支付变量选择 prtrans3、prtrans2。[①] $Z_{i,t}$ 是随经济发展水平或者是时间变化的因素,模型 2 中选择的变量是经济发展水平 pgdp 和地税税负增长 rltaxb,选择这两个变量还可以控制一些影响经济增长随时间变化的因素。

我们在进行奖励性转移支付财政政策对地方经济增长影响的固定效应模型回归的同时,也回归了随机效应模型(见附表 4-1 和附表 4-2)。但正文中只报告固定效应模型的回归结果,固定效应模型 2 的回归结果在表 4-4 中列示。表 4-4 中列示了 5 组不同控制变量的组合,在这些回归结果中,奖励性转移支付财政政策变量的系数全部为负,并全都在 1% 水平上高度显著,t 值也非常稳定。从系数数值大小来看,奖励性财政政策对地方经济增长的影响是非常显著的,与县市经济增长率正相关。也就是,固定效应模型的回归结果表明了浙江省的奖励性财政政策并未对地方经济增长起负面作用。

表 4-4　奖励性转移支付财政政策对经济增长效果的回归结果

名称	(1)	(2)	(3)	(4)	(5)
intercept	19.4461*** (9.32)	22.6377*** (10.55)	18.0572*** (4.83)	0.0091 (0.00)	−36.6031** (−2.48)
prprize	1.0568*** (3.42)	1.2267*** (4.04)	1.2740*** (4.18)	1.3849*** (4.35)	
rltaxb	−0.2457*** (−11.12)	−0.2904*** (−12.34)	−0.2932*** (−12.43)	−0.2988*** (−12.50)	−0.2764*** (−12.79)
prtrans3		−0.1551*** (−4.72)	−0.1431*** (−4.24)	−0.1545*** (−4.48)	−0.0829** (−2.59)

① 中国财政结算年度是在第二年的 3 月结束,中央给各省的税收返还才能划拨,税收返还对地方经济增长的作用应该是滞后的;而县市基层财政从省财政厅专项加结算补助的大部分是在年中得到的,特别是作为县市项目配套的专项补助,这些专项补助都是用于当期的项目,在当期就能对经济增长产生作用。因此在敏感度分析中本章将采用滞后期的变量来检验回归结果的稳健性。

续表

名称	(1)	(2)	(3)	(4)	(5)
pgdp			2.1348 (1.50)	2.7475* (1.85)	4.1585*** (2.69)
prtrans2				0.0192 (1.22)	0.0385*** (2.99)
popu				0.1558 (1.16)	0.2254* (1.80)
logprize					8.1815*** (7.45)
F $(Pr>F)$	11.71 (<0.0001)	11.98 (<0.0001)	11.99 (<0.0001)	11.76 (<0.0001)	8.28 (<0.0001)
R^2	0.7236	0.7373	0.7386	0.7403	0.7034
N	495	495	495	495	495

注:(1)本章回归采用的是 SAS 8.1 版的计量软件,通过 TSCSREG 方式的回归得到。(2)表中回归系数下方的括号内的数值表示 t 检验值。(3)F 值下方括号内的数值表示 P 值。(4)*、**、*** 分别表示在 10%、5% 和 1% 水平上显著。

从表 4-4 的回归结果还可以发现,由中央财政体制决定的滞后期税收返还 prtrans3 对经济增长的回归系数为负,在 1% 水平上显著;由省级财政体制决定的专项加结算补助 prtrans2 对经济增长的回归系数则为正,并不显著。而经济发展水平 pgdp 的回归系数为正,并比较显著。这可能与浙江省所处的经济发展阶段有关,目前浙江省还处于以工业经济增长为主要动力,而第三产业正快速发展的阶段。这一回归结果表明浙江省虽然是中国经济最为发达的地区,但在经济发展水平提高的过程中,经济增长水平仍然能够维持高速。县市总人口 popu 与地方经济增长的系数为正,但并不是很显著,可能与人口的统计口径有关,《全国地市县财政统计资料》中的县市人口是按照户籍,而浙江省 1995—2003 的实际劳动人口还包含外来务工人员。此外,地税税负增长 rltaxb 的系数符号为负,且在 1% 水平上显著,说明随着地税税负增长过快将会阻碍地方经济增长。

虽然模型 2 回归结果确实表明了奖励性财政政策与县市经济增长显著的正相关,但应该注意到影响经济增长的因素很多,本章分析奖励性政策只是其中之一。地税税负增长与经济增长呈现显著的正相关关系,可能说明了浙江省税负增长并未影响经济增长。

4.4.4 奖励性转移支付政策效果的时间趋势

为了进一步分析浙江省奖励性转移支付对县市基层政府财政努力和经济增长影响的时间趋势,分别将模型 1 和模型 2 调整为模型 3 和模型 4,模型中用奖励性财政政策实施滞后的年份哑变量来衡量该项财政政策影响的时间趋势:

$$\text{rltaxb}_{i,t} = \alpha_0 + \alpha_1 \text{prprize}_{i,t} + \sum_{k=1}^{5} \alpha_{k+1} \text{lagprprizek}_{i,t} + \alpha_3 X_{i,t} + \alpha_4 Y_{i,t} + \varepsilon_{i,t}$$

$$(3)$$

$$\text{rgdp}_{i,t} = \alpha_0 + \alpha_1 \text{prprize}_{i,t} + \sum_{k=1}^{5} \alpha_{k+1} \text{lagprprizek}_{i,t} + \alpha_2 X_{i,t} + \alpha_3 Z_{i,t} + \varepsilon_{i,t}$$

$$(4)$$

模型 3 和模型 4 中,α_{k+1} 反映奖励性转移支付政策实施后第 k 年对地方财政努力与经济增长的影响,k 表示政策实施后的年份序数,随政策实施后的年对应逐年推后。由于浙江省发达县市奖励性财政政策实施是在 1997 年,而本章的数据截止到 2003 年,所以 k 最大取值为 5。衡量奖励性转移支付对地方财政努力影响的时间趋势模型 3 的回归结果在表 4-5 中列示,对地方经济增长影响时间趋势模型 4 的回归结果在表 4-6 中列示。

表 4-5　奖励性转移支付财政政策对地方财政努力效果的时间趋势

名称	(1)	(2)	(3)
intercept	61.4487*** (12.53)	81.0723*** (9.15)	88.8629*** (9.33)
prprize	2.5019*** (4.86)	2.3432*** (4.56)	1.9559*** (3.61)
lagprprize1	0.6553 (1.19)	0.4416 (0.80)	0.2757 (0.50)
lagprprize2	−0.3130 (−0.53)	−0.7859 (−1.28)	−0.8062 (−1.32)
lagprprize3	2.1126** (2.44)	1.8595** (2.15)	1.7705** (2.05)
lagprprize4	−0.6555 (−0.62)	−1.1028 (−1.04)	−0.9992 (−0.95)

续表

名称	(1)	(2)	(3)
lagprprize5	−5.1530*** (−2.88)	−4.9922*** (−2.81)	−5.1018*** (−2.88)
lagltaxb	−12.2686*** (−11.42)	−12.6652*** −11.76	−13.5056*** (−11.84)
prtrans3	−0.5210*** (−9.83)	−0.5553*** (−10.25)	−0.5425*** (−10.00)
pgdp		−7.3690*** (−2.65)	−8.7248*** (−3.07)
prtrans2			−0.0622 (−2.17)
$F\ Pr>F$	7.14 (<0.0001)	7.07 (<0.0001)	7.15 (<0.0001)
R^2	0.7961	0.7995	0.8017
N	495	495	495

注:(1)本章回归采用的是 SAS 8.1 版的计量软件,通过 TSCSREG 方式的回归得到。(2)表中回归系数下方的括号内的数值表示 t 检验值。(3)F 值下方括号内的数值表示 P 值。(4)*、**、*** 分别表示在 10%、5% 和 1% 水平上显著。

表 4-6　奖励性转移支付财政政策对经济增长效果的时间趋势

名称	(1)	(2)	(3)
intercept	23.9994*** (9.82)	17.2059*** (3.54)	−3.2974 (−0.20)
iprize	1.4804*** (4.69)	1.5159*** (4.80)	1.5990*** (4.89)
lagprprize1	−0.0285 (−0.09)	0.0648 (0.20)	0.1359 (0.41)
lagprprize2	−0.0050 (−0.01)	0.1761 (0.48)	0.2247 (0.61)
lagprprize3	0.2682 (0.53)	0.3833 (0.75)	0.4871 (0.94)
lagprprize4	−0.2551 (−0.41)	−0.0474 (−0.08)	0.0415 (0.07)
lagprprize5	−2.6687** (−2.52)	−2.6278** (−2.49)	−2.4163** (−2.27)

续表

名称	(1)	(2)	(3)
rltaxb	-0.3151^{***} (-12.37)	-0.3133^{***} (-12.32)	-0.3148^{***} (-12.34)
prtrans3	-0.1478^{***} (-4.47)	-0.1357^{***} (-4.01)	-0.1464^{***} (-4.23)
pgdp		2.6825 (1.61)	3.6792^{**} (2.06)
prtrans2			0.0174 (1.06)
popu			0.1661 (1.22)
$F(Pr>F)$	11.76 (<0.0001)	11.81 (<0.0001)	11.54 (<0.0001)
R^2	0.7423	0.7439	0.7454
N	495	495	495

注:(1)本章回归采用的是 SAS 8.1 版的计量软件,通过 TSCSREG 方式的回归得到。(2)表中回归系数下方的括号内的数值表示 t 检验值。(3)F 值下方括号内的数值表示 P 值。(4)*、**、*** 分别表示在 10%、5% 和 1% 水平上显著。

4.4.5 回归的敏感度分析

接下来,通过对模型 1 和模型 2 的敏感度分析,来检验奖励性转移支付对县市地方政府财政努力和经济增长影响的回归结果的稳健性。本章敏感性分析所采用的方法是对模型 1 和模型 2 中的变量进行增减,以及将样本组分成发达县市样本组和欠发达县市样本组进行相应回归分析,看回归系数与显著水平的变化,特别是奖励性财政政策变量的系数与显著水平的变化。奖励性财政政策对县市地方政府财政努力和经济增长影响的敏感度分析结果分别在表 4-7 和表 4-8 中列示。

在奖励性财政政策对地方财政努力影响的敏感度分析中,模型 1 回归中主要是考虑了两组变量的变化:一是把其他转移支付 prtrans2、prtrans3 用相应的滞后期 lagprtrans3、lagprtrans2 替换;二是增加县市上解省级财政比例 prhandin12 和国税收入比例 prhandin0。回归结果分别在表 4-7 和表 4-8 中的(1)和(2)栏目中列示。同时,用欠发达县市和发达县市样本组对模型 1 和模型 2 进行回归,回归结果分别在表 4-7 和表 4-8 的(3)和(4)栏目中列示。从表 4-7 和表 4-8 的回归结果中可以发现,奖励性财政政策变量 prprize 的系数都为正,系数值的大小也稳定,并基本都还是在 1‰ 水平上显著,说明奖励性转移支付对地方政府财政努力与地方经济增长的影响具有稳健性。

表 4-7 奖励性转移支付财政政策对地方财政努力效果的敏感度分析

名称	(1)	(2)	(3)	(4)
intercept	63.6587***	70.3766***	117.6966***	53.6961***
	(7.79)	(7.57)	(7.49)	(4.45)
prprize	1.3655***	2.0128***	5.8486***	17.7239***
	(2.94)	(4.08)	(5.33)	(6.46)
lagltaxb	−9.7286***	−13.7867***	−12.8163***	−11.1875***
	(−9.27)	(−14.90)	(−9.45)	(−6.77)
prtrans3	−1.1151***	−0.7994***	−0.4415***	−0.3604***
	(−15.04)	(−11.83)	(−5.64)	(−4.85)
pgdp	−6.1984***	−11.8203***	−22.6385***	−7.3194**
	(−2.66)	(−4.48)	(−3.40)	(−2.46)
prtrans2			−0.0715**	−0.1494
			(−2.29)	(−1.25)
lagprtrans2	0.0172			
	(0.62)			
lagprtrans3	0.6485***			
	(9.17)			
prhandin12		−0.0825		
		(−0.67)		
prhandin0		0.7513***		
		(4.58)		
$F(Pr>F)$	5.13	7.03	4.22	6.26
	(<0.0001)	(<0.0001)	(<0.0001)	(<0.0001)
R^2	0.8261	0.8013	0.7755	0.8704
N	495	495	234	261

注:(1)本章回归采用的是 SAS 8.1 版的计量软件,通过 TSCSREG 方式的回归得到。(2)表中回归系数下方的括号内的数值表示 t 检验值。(3)F 值下方括号内的数值表示 P 值。(4)*、**、*** 分别表示在 10‰、5‰ 和 1‰ 水平上显著。

表 4-8　奖励性转移支付财政政策对经济增长效果的敏感度分析

名称	（1）	（2）	（3）	（4）
intercept	6.5378 (0.48)	2.7622 (0.18)	10.3327** (2.16)	−6.3758 (−1.11)
prprize	1.0941*** (4.07)	1.2409*** (4.05)	1.7560** (2.57)	12.3453*** (6.31)
rltaxb	−0.4564*** (−17.99)	−0.2930*** (−12.24)	−0.2424*** (−7.00)	−0.4413*** (−11.00)
prtrans3	−0.6143*** (−11.70)	−0.1125** (−2.55)	−0.1488*** (−3.12)	−0.0942* (−1.94)
pgdp	1.5377 (1.17)	3.1420** (2.00)	5.8860 (1.64)	7.5094*** (3.92)
prtrans2	−0.2159** (−2.24)	−0.2628*** (−2.72)	0.0068 (0.42)	−0.0887 (−1.15)
popu	0.1296 (1.10)	0.1336 (0.99)		
lagprtrans2	0.0434*** (2.97)			
lagprtrans3	0.4659*** (10.58)			
prhandin12		0.1118 (1.50)		
prhandin0		−0.1087 (−1.08)		
$F(Pr>F)$	12.14 (<0.0001)	1.65 (<0.0001)	9.80 (<0.0001)	14.03 (<0.0001)
R^2	0.7991	0.6157	0.7021	0.8140
N	495	495	234	261

备注:(1)本章回归采用的是 SAS 8.1 版的计量软件,通过 TSCSREG 方式的回归得到。(2)表中回归系数下方的括号内的数值表示 t 检验值。(3)F 值下方括号内的数值表示 P 值。(4)*、**、*** 分别表示在 10%、5% 和 1% 水平上显著。

通过基本模型的敏感度分析可以看出,浙江省对发达县市的奖励性转移支付财政政策,对地方财政努力与经济增长影响的回归结果是稳健的。奖励性政策对发达县市的地方财政努力有着显著而重要的激励作用,也有效提高了税负增长速度。与此同时,该项政策与地方经济增长呈正相关。

4.5 小结

本章通过考察浙江省奖励性转移支付财政政策在 1997 年开始的实施，来研究该项政策对地方财政努力与经济增长的效果，使用数据主要来源于《全国地市县财政统计资料》，样本包括浙江省时间跨度为 1995—2003 年的 55 个县市。通过对浙江省财政厅一些相关部门与人员，以及 2 个地级市和 6 个县市的三轮调研访谈，把数据与浙江省的"省管县"财政体制，特别是浙江省的转移支付体系结合起来，分解得到发达县市 1997—2000 年的奖励性转移支付的推测数据。在实证分析中，本章使用县市和时间固定效应模型，较好控制了样本的可比性和时间因素影响问题。通过分析，得出如下结论：

首先，浙江省这一包含个人奖励在内的奖励性转移支付是一种强激励机制，奖励性转移支付财政政策的实施，显著提高了地方财政努力，促进了地方税负增长。其次，奖励性财政政策与地方经济增长呈正相关，说明奖励性财政政策并没有因为对税负增长的激励影响到经济增长。此外，本章回归中还发现，经济发展水平对经济增长的影响是正的，浙江省经济增长速度不但没有随着经济发展水平的提高而下降，反而有所加快，说明浙江省目前还正处于经济快速稳定发展的阶段。本章这一研究结果说明，奖励性财政政策对地方财政有激励作用，使得地方政府通过税收征管的加强来提高地方财政收入，能够有效促进地税税负增长。但也应该注意到，地税税负的增长与地方经济增长呈显著负相关，在中国财政体制制度供给失衡的环境中（姚洋、杨雷，2003），省级财政体制的改革以及奖励性政策的政策实践，应该注重激励机制设计的合理性，以防止因激励过强导致地方政府"挖地三尺"与"竭泽而渔"而不利于经济增长。

附表 4-1　奖励性转移支付对地方财政努力效果的回归结果（随机效应）

名称	(1)	(2)	(3)	(4)
intercept	10.5646**	56.8245***	66.9158***	103.1593***
	(2.30)	(10.00)	(13.05)	(11.52)
prprize		2.1436***	1.8830***	1.0596**
		(3.85)	(3.81)	(2.03)
lagrltaxb	0.1347***	0.1718***	−0.0126	−0.0171
	(2.84)	(4.31)	(−0.32)	(−0.45)
lagltaxb		−13.4488***	−12.8017***	−15.0351***
		(−11.87)	(−12.74)	(−13.79)
prtrans3			−0.6202***	−0.6651***
			(−10.24)	(−10.69)
pgdp				−11.8143***
				(−4.44)
prtrans2				−0.0893***
				(−3.01)
F $(Pr>F)$	10.38	8.43	8.07	8.33
	(<0.0001)	(<0.0001)	(<0.0001)	(<0.0001)
R^2	0.6346	0.7494	0.8043	0.8164
N	440	440	440	440

注:(1)本章回归采用的是 SAS 8.1 版的计量软件,通过 TSCSREG 方式的回归得到。(2)表中回归系数下方的括号内的数值表示 t 检验值。(3)F 值下方括号内的数值表示 P 值。(4)*、**、*** 分别表示在 10%、5%和 1%水平上显著。

附表 4-2   奖励性转移支付财政政策对经济增长效果的回归结果(随机效应)

名称	(1)	(2)	(3)	(4)
intercept	14.6330*** (6.17)	16.6130*** (7.84)	20.4178*** (9.14)	−9.8225 (−0.63)
prprize		0.7429** (2.53)	0.9105*** (3.16)	0.9251*** (3.04)
lagrgdp	0.1892*** (4.09)	0.1553*** (3.78)	0.1484*** (3.70)	0.1407*** (3.50)
rltaxb		−0.2367*** (−10.42)	−0.2887*** (−11.56)	−0.2888*** (−11.51)
prtrans3			−0.1578*** (−4.51)	−0.1542*** (−4.13)
pgdp				1.9330* (1.24)
prtrans2				−0.0012 (−0.07)
popu				0.2487* (1.85)
F (Pr>F)	2.85 (<0.0001)	3.21 (<0.0001)	3.32 (<0.0001)	2.50 (<0.0001)
R^2	0.4592	0.5807	0.6023	0.6067
N	440	440	440	440

注:(1)本章回归采用的是 SAS 8.1 版的计量软件,通过 TSCSREG 方式的回归得到。(2)表中回归系数下方的括号内的数值表示 t 检验值。(3)F 值下方括号内的数值表示 P 值。(4)*、**、*** 分别表示在 10%、5% 和 1% 水平上显著。

参考文献

［1］Alexeev M，Kurlyandskaya G．Fiscal Federalism and Incentives in a Russian Region［J］．Journal of Comparative Economics，2003，31：20-33．

［2］Altunbas Y，Thornton J．Fiscal Decentralization and Governance［J］．Public Finance Review，2012，40(1)：66-85．

［3］Bardhan P．Decentralization of Governance and Development［J］．Journal of Economics Perspective，2002，16：185-205．

［4］Baskaran T，Feld L P，Schnellenbach J．Fiscal Federalism，Decentralization，and Economic Growth：A Meta-analysis［J］．Economic Inquiry，2016，54(3)：1445-1463．

［5］Bird R M，Michael S．Intergovernmental Fiscal Transfers：International Lessons for Developing Countries［J］．World Development，2002，30(6)：899-912．

［6］Blanchard O，Shleifer A．Federalism with and without Political Centralization：China versus Russia［J］．IMF Staff Papers，2001，48：171-179．

［7］Boadway R，Michael K．Efficiency and the Optimal Direction of Federal-State Transfers［J］．International Tax and Public Finance，1996，3：137-155．

［8］Dahlby B．Fiscal Externalities and the Design of Intergovernmental Grants［J］．International Tax and Public Finance，1996，3：397-411．

［9］Faguet J P．Does Decentralization Increase Responsiveness to Local Needs? Evidence from Bolivia［J］．Journal of Public Economics，2004，88：867-894．

［10］Gamkhar S．Federalism and Federal DeficitReduction［J］．Nat. Tax. J.，1987，40：299-313．

［11］Gemmell N，Kneller R，Sanz I．Fiscal Decentralization and Economic Growth：Spending versus Revenue Decentralization［J］．Economic Inquiry，2013，51(4)：1915-1931．

[12] Hines J, Thaler R. The Flypaper Effect[J]. Journal of Economic Perspectives, 1995, 9(4): 217-226.

[13] Hochman O, Pines D, ThisseJ. On the Optimal Structure of Local Government [J]. American Economic Review, 1995, 85 (5): 1224-1240.

[14] Inman R P, Rubinfeld D L. Designing Tax Policy in Federalist Economies: An Overview[J]. Journal of Public Economics, 1996, 60(3): 307-334.

[15] Li P, Lu Y, Wang J. Does Flattening Government Improve Economic Performance? Evidence from China[J]. Journal of Development Economics, 2016, 123: 18-37.

[16] Liu Y, Martinez-Vazquez J, Wu A-M. Fiscal Decentralization, Equalization, and Intra-provincial Inequality in China[J]. International Tax and Public Finance, 2016, 23(3): 1-34.

[17] Jin H, Qian Y-Y, Weingast B R. Regional Decentralization and Fiscal Incentives: Federalism, Chinese Style[J]. Journal of Public Economics, 2005, 89(9): 1719-1742.

[18] Knight J, Shi L. Fiscal Decentralization: Incentives, Redistribution and Reform in China[J]. Oxford Development Studies, 1999, 27(1): 5-32.

[19] Lin J-Y, Liu Z. Fiscal Decentralization and Economic Growth in China [J]. Economic Development and Cultural Change, 2000, 49 (1): 1-21.

[20] Nickson R. Tendencias Actuales de las Finanzas Locales en America Latina[J]. Trimestre Fiscal, 2001, 72: 9-27.

[21] Oates W E. An Essay on Fiscal Federalism[J]. Journal of Economic Literature, 1999, 37(3): 1120-1149.

[22] Panizza U. On the Determinants of Fiscal Centralization: Theory and Evidence[J]. Journal of Public Economics, 1999, 74, 97-139.

[23] Qian Y-Y, Roland G. Federalism and the Soft Budget Constraint[J]. American Economic Review, 1998, 88(5): 1143-1162.

[24] Qian Y-Y，Weingast B R. Federalism as a Commitment to Market Incentives[J]. Journal of Economic Perspectives，1997，11(4)：83-92.

[25] Sato M. Fiscal Externalities and Efficient Transfers in a Federation [J]. International Tax and Public Finance，2000，7：119-139.

[26] Stine W F. Is Local Government Revenue Response to Federal Aid Symmetrical? [J]. Nat. Tax J.，1994，47：799-816.

[27] Tiebout C. A Pure Theory of Local Expenditures[J]. Journal of Political Economy，1956，64：416-424.

[28] Tsui K-Y. Local Tax System，Intergovernmental Transfers and China's Local Fiscal Disparities[J]. Journal of Comparative Economics，2005，33(1)：173-196.

[29] Weingast B R. Second Generation Fiscal Federalism：The Implications of Fiscal Incentives[J]. Journal of Urban Economics，2009，65 (3)：279-293.

[30] Xu C-G. The Fundamental Institutions of China's Reforms and Development[J]. Journal of Economic Literature，2011，49(4)：1076-1151.

[31] Zhuravskaya E V. Incentives to Provide Local Public Goods：Fiscal Federalism，Russian Style[J]. Journal of Public Economics，2000，76 (3)：337-368.

[32] 才国伟,黄亮雄.政府层级改革的影响因素及其经济绩效研究[J].管理世界,2010(8)：73-83.

[33] 郭庆旺,贾俊雪.地方政府间策略互动行为、财政支出竞争与地区经济增长[J].管理世界,2009(10)：17-27,187.

[34] 傅志华,李三秀.转移支付的激励与约束机制[J].地方财政研究,2007(2)：9-13.

[35] 贾康.地方财政问题研究[M].北京:经济科学出版社,2004.

[36] 乔宝云,范剑勇,彭骥鸣.政府间转移支付与地方财政努力[J].管理世界,2006(3)：50-56.

[37] 谭之博,周黎安,赵岳.省管县改革、财政分权与民生——基于"倍差法"的估计[J].经济学(季刊),2015(3)：1093-1114.

[38] 王永钦,张晏,章元,陈钊,陆铭.中国的大国发展道路:论分权改革的得

失[J].经济研究,2007(1):1-16.

[39] 翁礼华.五十而知天命——财税改革随笔[M].北京:中国税务出版社,1999.

[40] 翁礼华.古今中外话财政[M].北京:经济科学出版社,2002.

[41] 吴云法.浙江省"省管县"财政体制研究[J].经济研究参考,2004(86):32-37.

[42] 张晏,龚六堂.地区差距、要素流动与财政分权[J].经济研究,2004(7):59-69.

[43] 张恒龙,陈宪.政府间转移支付对地方财政努力与财政均等的影响[J].经济科学,2007(1):15-23.

[44] 张光.财政分权省际差异、原因和影响初探[J].公共行政评论,2009(1):133-158,204-205.

[45] 张光.测量中国的财政分权[J].经济社会体制比较,2011(6):48-61.

[46] 郑新业,王晗,赵益卓."省直管县"能促进经济增长吗?——双重差分方法[J].管理世界,2011(8):34-44.

[47] 姚洋,杨雷.制度供给失衡和中国财政分权的后果[J].战略与管理,2003(3):27-33.

[48] 周黎安.中国地方官员的晋升锦标赛模式研究[J].经济研究,2007(7):36-50.

5 浙江省－县转移支付影响因素的实证研究

本章考察不同县市范围的一般性转移支付和条件性转移支付的主要影响因素,着重分析浙江省不同类型转移支付的政策逻辑。样本包括浙江省时间跨度为 1995—2003 年的 55 个县市、29 个发达县市和 26 个欠发达县市三组。实证表明,首先,浙江省的省级转移支付考虑了公平性因素,省对县市的全部转移支付和条件性支付都与县市财政缺口和地方财政努力基本呈正相关关系,与经济发展和财力水平呈负相关,经济发展水平高和人均财政收入高的地区的转移支付力度较小。其次,不同类型转移支付的影响因素有所差别。欠发达县市的一般性转移支付在考虑了财政不平等问题的同时,也结合了这些县市地方财政努力的因素。此外,浙江省条件性转移支付并没有钉住经济增长速度的因素,无论是全部转移支付和一般性转移支付与经济发展水平和经济增长率都并不相关,特别是以项目配套资金为主体的条件性转移支付也没有呈现出与经济发展和经济增长因素的相关性。

5.1 引言

中国 1994 年财政分税制体制改革主要是为了提高财政总收入占 GDP 的比重和中央财政占总收入的比重,并不真正涉及转移支付规模的扩大和转移支付体系的调整(贾康,2004)。2002 年的所得税分享体制改革,目标是加大对欠发达地区的转移支付力度,但相对欠发达地区的财政需求而言转移支付的规模还是太小(贾康,2004;贾俊雪等,2011;高琳,2012;谭之博等,

2015)。此后国家公务员工资不断提高、农村税费改革和社会主义新农村建设，又进一步加大了基层政府的财政缺口，扩大了欠发达地区对转移支付的需求（傅勇、张晏，2007；龚锋、卢洪友，2009，尹恒、朱虹，2009）。省一级财政对于包含五个层级的中国而言，是中央政府以下的最高政府层级，仍包含着四个财政层级的政府组织（张光，2009；王雪珍，2011；贾俊雪、宁静，2015，吴金群、付如霞，2017；Li et al.，2016）。省级财政拥有直接影响省内转移支付体系的主要决策权，其中欠发达地区的省级财政能直接影响到中央转移支付执行方式与力度，发达地区的省级财政则主要承担着区域内转移支付的功能（张恒龙、陈宪，2007；吴木銮、王闻，2011；张光，2011；）。政府作为官僚组织，本身是一个多任务系统；中国各级财政分权体制，是在制度供给失衡的环境中运行的（姚洋、杨雷，2003；唐为、王媛，2015；吴金群、付如霞，2017）。在此体制环境中，转移支付会不会是"口惠而实不至"？省级财政的转移支付究竟主要受到哪些因素的影响？转移支付政策执行过程中会依据不同政策目标分别钉住什么样的"政策信号"？不同地区范围和不同类型的转移支付背后是否存在着一定的政策逻辑？这些问题自然就成了有吸引力的财政问题，同时对中国目前省级转移支付的政策实践也具有现实意义。本章旨在利用浙江省1995—2003年55个县市的财政面板数据，对省级财政体制中不同类型转移支付政策的主要影响因素进行实证分析。

财政资源在政府间的配置，会因自然资源和财源税源的初始条件在空间上的不平衡，存在政府间财政的横向不平等；因财政收入范围、税种划分和分成比例安排在不同层级政府间的不平衡，存在政府间财政的纵向不平等（Alexeev and Kurlyandskaya，2003）。地区间经济发展水平的差异，则会加剧或弱化政府间财政的横向纵向不平等程度。同时，教育和卫生等公共服务，以及环境和重大基础设施存在地区间的外部性，会导致这些公共产品的供给不足（Altunbas and Thornton，2012）。按照传统的财政分权理论，转移支付是解决公平的收入分配和公共产品外部性问题的主要财政手段，政府间转移支付是分权财政体制中有效配置政府间财政资源的最重要部分之一（Tiebout，1956；Dahlby，1996；Oates，1999；Hines，1995；Bardhan，2002；Faguet，2004；Weingast，2009）。过去十几年关于中国财政体制和政策的研究，主要集中于中央与省之间的财政体制与转移支付政策（尹恒、朱虹，2009；张光，2009；Boadway，1996；Bird and Michael，2002；Liu et al.，2016）。

可能是由于财政数据可得性的原因,近来才有一些学者开始关注中国转移支付的财政政策及其运行效果,这些研究基本都是基于省级财政的面板数据,还很少有文献将转移支付的研究延伸到陷入财政困境的县市一级。最近,Tsui(2005),尹恒、朱虹(2009)利用《全国地市县财政统计资料》中全国2000多个县市的财政面板数据,采用收入分配不平等的不同测度指标,研究了中国转移支付对县市财政不平等的影响。这些研究都是把县市得到的转移支付视为从中央财政得到,而没有考虑省级财政体制与转移支付政策的影响。

事实上,中国政府间的转移支付除了经济因素之外,可能还会受到其他因素的影响(傅志华、李三秀,2007;张光,2009;陈思霞、卢盛峰,2014;Knight,1999;Zhuravskaya,2000;Tsui,2005)。对于中国财政分权体制,正如姚洋、杨雷(2003)所指出的,中国财政分权体制是在制度供给失衡的环境中进行的,失衡体现在财政分权没有法律保障、财政分权与行政垂直集权矛盾以及财政分权制度安排本身不规范三个方面(Panizza,1999);制度供给失衡下的财政分权在政府间转移支付的后果则集中表现为,收入层层上解而支出责任层层下压,以及一般性转移支付规模不足(Tsui,2005)。在省级财政体制的运行中,省财政厅会把一些规模较大、利润较高的企业划入省级财政的收入范围,如电力公司和四大国有商业银行的税收;也可能会把地方的大税种划归省级财政,如增值税的25%;或者是在地方财政收入的分成比例上,通过调整体制增加省级财政分享的收入比例(贾康,2004)。与此同时,省级财政中针对地区不平等安排的转移支付却普遍规模很小,导致地方财力差距扩大(Inman,1996;Knight,1999;Sato,2000;Xu,2011)。中国政治集权体制下,政府官员晋升的GDP考核体系,使得地方政府的政府目标基本都是围绕经济发展展开,而不太关注社会目标以及不平等问题。比如从江苏省的经济发展和省级转移支付现状看,苏南和苏北的地区间经济发展很不平衡,但与此同时,省级转移支付大部分是以专项补助的形式进行,而一般性的规模很小。此外,中国政府间的转移支付还可能受到政治和中央非经济政策目标的影响,比如受到促进国家统一、保持社会稳定和保证基层政府正常运转等政治因素的影响。在财力层层集中、公平性转移支付不足的体制下,中央政府也不愿意看到基层政府的社会政治稳定问题,可能会通过转移支付来保证基层政府的运行和社会稳定(Victor et al.,2004)。

　　对转移支付产生影响的集权行政体制或政治方面的具体因素,虽不会一成不变,但也不是毫无规律可循的。对转移支付产生影响的一些主要经济、行政和政治因素,政策实施过程本身就需要围绕政府间的激励约束机制和可执行的承诺机制,以便在协调政府间财政关系中形成可靠的政策信号,转移支付就会因此符合一定的政策逻辑而具有稳定性(Stine,1994;Panizza,1999;Sato,2000;Weingas,2009;Liu et al.,2016)。从集权的政治行政体制的影响来看,由于集权政治体制以及官员晋升考核体系的影响,经济发展水平和经济增长速度可能就会成为转移支付主要钉住的因素,而较少考虑地区间均等化问题(傅勇、张晏,2007;Jin et al.,2005)。一方面,省级财政可能会在经济发展较快的县市安排更多的项目,或者为这些县市的项目安排配套资金,来促进发达县市的经济增长,经济发展水平高和经济增长速度快提高了发达县市获得省级转移支付的要价能力;另一方面,省级财政也会从下级财政集中财力,并直接用于经济发展的目标,如省级经济开发区的开发与建设;或者把省里集中得到的财政资源用于重大基础设施的建设。从政治社会稳定的影响因素来看,王绍光(2002)基于1997—1999年中央对31个省级地区的转移支付数据的研究表明,中央政府对国家统一的高度重视,左右了中央转移支付的政策目标,少数民族集聚的地区比汉族地区得到更多的转移支付,而不是经济欠发达或者财力匮乏的地区得到更多的转移支付,转移支付因而符合一定的政治逻辑。Victor 等(2004)基于1993年和2000年两年中国2000多个县市的财政数据的研究表明,中央为了基层政府稳定保持运转,财政供养人口是中央和地方政府都比较接受,也是比较稳定的政策信号。中央对县市的财政转移支付,就形成了保证基层政府运转的"吃饭财政"的政策逻辑。这些实证研究都带来了政治因素影响转移支付的很好理解,但同样也都把县市得到的转移支付视为从中央财政得到,而没有考虑省级财政体制与转移支付政策的影响。

　　本章以最早开始实施一般性转移支付政策,并已经建立相对规范和较高透明度转移支付体系的浙江省为例。利用来源于1995—2003年《全国地市县财政统计资料》中浙江省55个县市的财政面板数据,通过对浙江省财政厅一些相关部门与人员,以及2个地级市和6个县市的三轮调研访谈,把数据与浙江省的转移支付体系结合起来,把浙江省的省级转移支付分为一般性、奖励性和条件性转移支付三个类别。在此基础上,本章重点分析一般性和条件性转移支付的主要影响因素。为了更好地研究不同县市范围的不同类型省级转移支付的主要影响因素及其政策逻辑,本章采用 1994—2003 年浙江省全部 55 个县市、29 个发达县市和 26 个欠发达县市的三个样本组,通过县市和时间的双固定效应模型(fixed-two effects model)来进行分析,不仅考察了浙江省对欠发达县市的一般性转移支付的影响因素,也分别考察了发达和欠发达县市的条件性转移支付政策的影响因素及其政策逻辑。研究表明,浙江省的省级转移支付与经济发展和财力水平负相关,表明省级转移支付受到公平性因素影响,经济发展水平高和人均财政收入高(按财政供养人口平均)的地区的转移支付力度较小;浙江省对县市的转移支付与县市财政缺口和地方财政努力基本呈正相关关系。但不同类型转移支付影响因素有所差别,欠发达县市的一般性转移支付与财政缺口和地方财政努力正相关,但也还是存在保证社会和政治稳定——"吃饭财政"因素的影响,与公平性因素并不相关,反而是条件性转移支付受到公平性因素的影响;但浙江省条件性转移支付没有受到经济增长速度因素的影响。此外,回归系数与相关性表明,欠发达县市得到的转移支付比发达县市更大程度上受到地方财政增长以及上解省财政因素的影响。

本章接下来的部分安排如下:5.2 节简要介绍浙江省财政政策背景与转移支付的类型;5.3 为节数据样本、变量说明与分析方法的说明;5.4 节为计量模型与实证结果;5.5 节为进一步的讨论;5.6 节为本章的小结。

5.2 现实背景

本章将以浙江省级转移支付体系为例。之所以选择浙江省财政体制的原因在于:浙江省省级财政体制是中国分税制以来,最为稳定的省级财政体制,其他省份的财政体制在 1994 此后的年间都发生了不同程度和范围的调整,并不同程度出现教师等工资拖欠和基层政府财政匮乏等问题。浙江省没有在分税制之后得到中央政府更多的转移支付,并在省级财政上解体制一直保持稳定不变的条件下,形成政府间转移支付体系,因而可以更加清楚地看到和考察省级财政对县市转移支付受到哪些因素的影响,以及财政政策背后的政策逻辑;浙江省是最早开始一般性转移支付财政政策的省份,并且已经建立起较为规范、透明度较高的转移支付体系,因而省级转移支付的财政面板数据年份比较长,有利于进行财政政策的影响因素和政策逻辑的实证研究。

5.2.1 浙江财政体制的现实背景

1994 年中国实行分税制改革时,浙江省保持了省级财政的"省管县"体制。"省管县"财政体制主要内容是"三位一体":一是县市一级财政直接与省级财政结算,而不是与地市一级财政发生结算关系,省里集中县市地方财政收入在 1994 年基数基础上增量的 20%,至今保持不变;二是财政部门和税务部门是同一个党委,属于相同的财政组织,1996 年因为金华增值税案国税被迫分离,财政和地税仍然在一起,各个县市的地税局局长的任命权属于县市政府;三是将省级财政从县市集中的部分财政收入,用于对欠发达县市实行一般性转移支付。直到 2003 年,浙江省才有第一份正式的"省管县"的文件,省级财政体制一直在连正式文件都没有的制度环境中进行。对于浙江省省级财政体制与转移支付的具体运行情况,可以从图 5-1 粗略的差异系数描述中,看出一些关于财政体制和转移支付财政政策的效果。

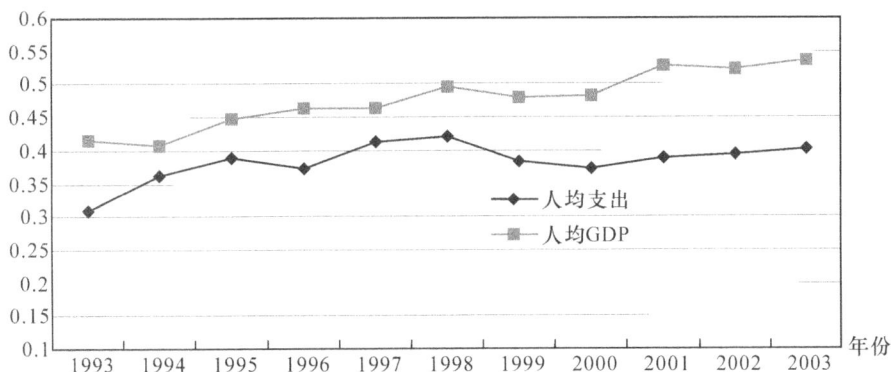

图 5-1 1993—2003 浙江省人均财政支出和人均 GDP 差异系数的变化

从图 5-1 中可以看到,浙江省县市之间的人均 GDP 的差异系数一直高于人均财政支出的差异系数,并且人均 GDP 的差异系数一直在增大。与此同时,人均财政支出的差异系数逐步平缓。当然,县市之间差异系数的增大可能是发达县市的经济发展较快的作用,也有可能是因为发达县市得到更多的省级财政项目配套资金,但县市之间人均财政支出差异系数在人均 GDP 差异系数增大的情况下变得平缓,肯定是受到一般性转移支付的影响。

转移支付是否受省政府服务于经济发展的目标,以及一般性转移支付的影响因素正是本章关注的重点。从浙江省省级财政体制的具体政策实践看,分税制改革之初,1993 年浙江省总共包含县和县级市 64 个,但 47 个县市的财政是赤字。在实行比较规范的一般性转移支付之前,1994 年省财政给 17 个贫困和次贫困县(市)补助了 20278 万元,比 1993 年增加 5500 万元,而这些县(市)仍出现了 11222 万元的财政赤字。结合图 5-1 浙江省县市之间财政不平衡的变化过程,省级政府间转移支付肯定是其中的原因之一。由此,有必要介绍浙江省不同类型转移支付的渠道,以及财政政策的具体措施。

5.2.2 转移支付的类型划分

在省级财政体制的政府间财政关系中,主要包含向上的财政上解体制与向下的转移支付体制两个部分,浙江省省级财政的转移支付资金主要来源于省内发达地市和县市的上解。浙江省财政上解体制一直保持稳定,这也是发达县市比较接受财政"省管县"体制的主要原因。浙江省的转移支付财政政策可以划分为三类:奖励性转移支付、条件性转移支付和一般性转移支付,其中条件性转移支付又包含专项补助和结算补助两方面。奖励性转移支付主要是为了增强县市地方财政努力。本章着重研究的是条件性转移支付和一般性转移支付的主要影响因素及其政策逻辑,但为了更好地理解浙江省转移支付体系,在下文中除了介绍一般性转移支付和条件性转移支付的政策之外,也介绍浙江省财政上解体制。

5.2.2.1 财政上解体制

浙江省各县市的财政体制上解主要包含原体制上解、增收专项上解和其他上解。其中原体制上解是分税制挂钩实行时与中央对地方的税收返还基数相衔接产生的,1995 年以后保持不动,成为基数定额上解,与省级财政体制相关性不大。[①] 增收专项上解主要包含地方财政增收上解和税收返还增收上解,是上解到省级财政。其他上解是指不同年份临时性财政政策出台时的上解,或者是指县市与地市之间的财政往来,这一上解数量一般情况

---

① 根据中央财政规定,从 1995 年起取消上解地区原体制上解递增,省财政也同时取消了原体制实行递增上缴市(地)、县(市)上缴的递增,以 1994 年实际上缴为基数定额上缴。与《全国地市县财政统计资料》中数据项"原体制上解"相对应。

下占上解总数的比例很低。地方财政收入增收上解的具体财政政策为:从1994年起,市(地)、县(市)财政收入比地方财政收入基数增长部分,[①]省与市(地)、县(市)按二八分成,省得20%,市(地)、县(市)得80%。中央对地方财政税收返还的增收上解的具体财政政策为:从1994年起,比基期(1993年的基数)增加的部分,[②]省与市(地)、县(市)按二八分成,省得20%,市(地)、县(市)得80%。两项增收上解都对部分贫困县和海岛县作适当照顾,照顾方式是不用上解或者降低上解比例。[③]

5.2.2.2　一般性转移支付

从20世纪80年代以来,浙江省采取了不少与全国各省市相似的财政扶贫政策。比如,根据不同情况,省财政对这些县采取每年递增5%~10%不等的补助政策,这对缓解当地财政困难起到了一定的作用。但由于这些政策没有激励措施,从而也难以从根本上调动县里增收节支的积极性。从1995年开始,浙江省将一般性转移支付财政政策与欠发达县市的地方财政收入年增长率挂钩。具体政策是,以欠发达县市1994年的原体制补助和困难补助为基数,从1995年起,收入每增长一个百分点省补助增长0.5个百分点。该项政策在不同年份的转移支付力度通过调整基数来实现:1998年,在深入调查研究基础上,对欠发达县市的基数进行了适当调整。2001年的调整的具体政策是,将省财政对市县转移支付的工资、专项补助等财力性补助进行归并,统一调整为欠发达县市的补助基数,事实上是增加了转移支付的力度。此外,该项政策在欠发达县市所包含的数目方面,也就是一般性转

---

① 1993年地方财政收入基数的确定形式是,按1993年地方决算总收入扣除固定比例分成收入(包括能源交通重点建设基金、预算调节基金、教育费附加收入)、专项收入(排污费收入)、中央和省上划收入后的财政数字核定。

② 在1993年划分税种和确定基期年基数的基础上,以市(地)、县(市)1993年上划中央财政的收入为基数,省财政对市(地)、县(市)的税收返还递增率,与该市(地)、县(市)上划中央的收入增长率挂钩,挂钩比例按1:0.3确定。市(地)、县(市)按1:0.3系数递增的税收返还数。

③ 1994年的情况是,半岛县玉环集中15%,武义、三门集中10%,淳安、舟山、岱山、嵊泗、洞头、文成、泰顺、景宁、云和、青田、磐安等11个县市不予集中,其他54个市、县为20%。

移支付的欠发达县市的范围也在不同年份有所调整。[①]

5.2.2.3 条件性转移支付

从浙江省具体的财政政策实践以及《全国地市县财政统计资料》数据库的数据项名称看,浙江省条件性转移支付包含的转移支付种类很多,如:专项补助、过渡期转移支付、增发国债补助、增加工资补助、调整收入任务增加或减少补助、各种结算补助等。但从省级财政对上述这些转移支付的政策执行来看,大体可以归结为两大类:一是省级财政为地方政府的项目按照一定条件的配套资金形式的转移支付,如专项补助和增发国债补助;二是省级财政对地方政府按照一定条件给予的财力性转移支付,如增加工资补助、调整收入任务增加或减少补助、各种结算补助等。两者之间的差别在于地方政府在得到项目配套性转移支付时,前者在使用范围上有所限制,而后者则没有限制。本章为了分析方便,着重考察浙江省省级财政与地方财政努力挂钩的公式化转移支付对地方财政努力的激励效应,条件性转移支付只是作为主要的控制变量。因此,把浙江省省级财政除公式化转移支付之外的转移支付项目归类到条件性转移支付。

5.2.2.4 奖励性转移支付

浙江省奖励性转移支付的财政政策的具体过程如下所述:欠发达县市以 1994 年地方财政收入实绩为基数,地方收入每增加 100 万元,省财政奖励 5 万元,用于县主要领导及财税部门的奖励。该项政策在不同年份所包含的欠发达县市在数目上有所调整。[②] 1999 年起,省财政对欠发达县市实施财源建设技改贴息补助政策,具体为:地方财政体制收入比上年增加额与省财源建设技改贴息补助挂钩(环比);补助比例:国家级贫困县景宁、文成、泰顺为增加额的 20%,其余为增加额的 10%,专项用于财源建设的技改贴息。发达县市奖励性的公式化转移支付方面,1997 年起,发达县市在确保实现当年财政收支平衡和确保完成消化历年赤字的前提下,省财政的技改补

---

① 在欠发达县市的具体划分范围调整方面:1995 年有景宁、文成、泰顺、云和、丽水、龙泉、庆元、青田、松阳、缙云、遂昌、磐安、武义、龙游、衢县、开化、常山等 17 个贫困县和经济欠发达县。1996 年增加三门、洞头、岱山、淳安等 4 个县;1997 增加安吉县,1998 年增加嵊泗县、江山市;2001 年增加苍南、永嘉、仙居、天台等 4 个县。

② 同上。

助和奖励与地方财政体制收入比上年增收上缴额相联系（环比）；技改补助和奖励联系比例为：1996 年地方财政收入 2 亿元以上的县（市），为即市（地）、县（市）地方财政增收上缴（环比）100 万元，省财政给予技改补助 11 万元和 4 万元，也就是增收上缴的 11％和 4％，前者作为技改奖励，后者作为奖金（分配范围与欠发达县市相同）；其他县（市）为 10％和 5％。1998 年，省财政适当加大"两保两联"政策的挂钩力度，增加了 5 个百分点作为技改补助，以加大各级政府技改资金的投入，即增加到增收上缴额的 20％，但作为奖金的部分比例不变。

5.3　数据样本与分析方法

为了研究浙江省省级财政转移支付的主要的影响及其政策逻辑，基于《全国地市县财政统计资料》的数据库，本章采用的是包含浙江省 55 个县市（含萧山和余杭区）1994—2003 年的整齐面板数据，具体分为全部 55 个县市、29 个发达县市和 26 个欠发达县市等 3 个样本组，通过县市和时间的双固定效应模型（fixed-two effects model）来展开分析。

5.3.1　数据来源

本章数据主要来源于《全国地市县财政统计资料》，时间跨度为 1995 年至 2003 年。《全国地市县财政统计资料》是目前有关中国县市一级财政最为详细的数据库。其中，收支部分主要反映地市、县市地方财政收入与支出的一般预算收支数据，具体数据项与一般的财政统计年鉴基本相同；平衡部分主要包含地市、县市与省级财政之间各种上解和转移支付的财政数据，主要反映省级财政体制与省级转移支付体制，数据项包含原体制上解、专项上解，以及县市基层政府得到的各种移支付。由于 1994—1997 年《全国地市县财政统计资料》中反映地方经济发展指标采用的是工农业生产总值，所以本章中这几年浙江省各个县市的 GDP 数据来源于《浙江省建国五十年统计年鉴》。其次，《全国地市县财政统计资料》中的 2002 年、2003 年的各个县市的总人口的补充数据来源于这两个年份的《浙江省统计年鉴》。此外，关于浙江省欠发达县市 1995—1997 年的一般性转移支付与奖励性转移支付的数据，以及 1998 年浙江省欠发达县市的一般性转移支付的基数来源于浙江省财政研究所编的《浙江省财政体制理论与实践研究》。

5.3.2 数据处理与归整

为了分析浙江省不同县市范围的不同类型转移支付政策的影响因素，本章在数据处理与归整过程中，主要处理了几个方面的问题：一是数据库中不同年份之间的数据项名称及其含义的高度非一致性问题的处理；①二是如何把浙江省财政体制、转移支付体系及其运转与数据库中的数据含义结合起来；三是浙江省针对欠发达县市的均等化与奖励性转移支付，以及发达县市的条件性转移支付数据的获得与分解。为此，我们对浙江省财政体制进行了调研，调研范围包含浙江省财政厅部分相关部门，金华和温州 2 个地级市，萧山、富阳和永康 3 个发达县市，永嘉、文成和武义 3 个欠发达县市，以及这些县市的部分乡镇。② 在此过程中，对部分县市与部门进行了三轮次的调研。通过调研发现，浙江省财政体制及其运转，特别是省级财政体制中的转移支付体系，集中体现在《全国地市县财政统计资料》的平衡部分，本章关注的转移支付数据就来源于此。③

在数据库平衡部分，1994—1999 年的所有转移支付都归到专项补助数据项，2000 年开始数据项中专项补助才对应于浙江省财政体制中条件性转移支付中的项目专项补助，县市的奖励性转移支付和一般性转移支付与数据项"过渡期转移支付"对应；2001—2003 年的专项补助和各类财力性的结算补助是各个县市得到的条件性转移支付，而"一般性转移支付"数据项就

---

① 1994—1999 年的转移支付有"专项补助"和"两税返还"，其中省级转移支付全部都归到"专项补助"，2000 年的转移支付项目栏有"专项补助、两税返还、增发国债补助、各种结算补助"4 项，2001 年项目栏增加到"专项补助、两税返还、过渡期转移支付、增发国债补助、增加工资补助、调整收入任务增加或减少补助、各种结算补助"7 项，在此基础上，2002 年增加了"农村税费改革转移支付补助"，而"过渡期转移支付"在数据项中名称则改为"一般性转移支付"。2003 年则又增加了"农业税减免及企事业单位预算划转"，共 9 项。

② 我们在调研过程中发现，各级政府对于财政体制都是比较敏感的，这一点无论是在与浙江省财政厅厅长，还是县市财政局局长，以及具体部门负责人的访谈中都能够明确感受到，他们对许多财政体制及其运转问题都采取回避的态度。而浙江省发达县市的财政部门对访谈的态度则相对开放一些。

③ 通过调研发现，2000 年浙江省各个县市的专项上解（增收上解）被并入到其他上解一栏，我们在数据归整中也做了相应处理。

是这些发达县市得到的奖励性转移支付的实际数值。结合浙江省不同年份的奖励性转移支付的具体财政政策,发达县市 1997—1999 年的奖励性转移支付数值需要从"专项补助"数据项中分解出去,剩余部分的数据才是这些县市的条件性转移支付数据;而 2000 年的条件性转移支付数值则需要把奖励性转移支付从"结算补助"数据项中分解出来,再加上专项补助和其他财力性结算补助;2001—2003 年的奖励性转移支付的实际值与数据项的"一般性转移支付"对应。1997—2000 年发达县市奖励性和条件性转移支付的具体数据推算公式如下:

1997—2000 年　　当年奖励性转移支付＝(当年地方财政收入－上年地方财政收入)×20％×20％①

1997—1999 年　　当年条件性转移支付＝专项补助－当年奖励性转移支付

2000 年　　当年条件性转移支付＝专项补助＋其他除税收返还之外的财力性补助和结算补助数据项－奖励性转移支付

对于欠发达县市而言,需要把均等化和奖励性补助从相应数据项中分离,才能得到条件性转移支付的实际数值。1995—1997 年欠发达县市的均等化和奖励性转移支付的数值来源于翁礼华(1999,2002),条件性转移支付是数据项专项补助减去均等化和奖励性转移支付的数值,欠发达县市 1998 年一般性转移支付的基数也来源于翁礼华(1999,2002)。此后 1998—2000 年的一般性转移支付则依据浙江省的具体财政政策来推算,2000 年的数值需要从"结算补助"数据项中分解得到,2001 年的数值需要从"过渡期转移支付"数据项中分解得到,2002 年和 2003 年的数值则需要从"一般性转移支付"数据项中分解得到。2001—2003 年欠发达县市的奖励性和一般性转移支付与数据项"一般性转移支付"对应。1995—2000 年欠发达县市的均等化、奖励性和条件性转移支付的数值推算公式如下:

---

　　① 其中发达县市 1997 年是增收上缴的 15％。

1998—2003 年　　当年一般性转移支付＝(地方财政年增长率×0.5＋1)　　　　　　　　　　×上 年 一 般 性 转 移 支 付 实际值[1]

1998 年　　　　　当年奖励性转移支付＝(当年地方财政收入－上年地方财政收入)×5％

1999—2002 年　　当年奖励性转移支付＝(当年地方财政收入－上年地方财政收入)×15％[2]

2003 年　　　　　当年奖励性转移支付＝(当年地方财政收入－上年地方财政收入)×10％

1995—1999 年　　当年条件性转移支付＝专项补助－一般性转移支付　　　　　　　　　　－奖励性转移支付

2000—2003 年　　当年条件性转移支付＝专项补助＋其他税收返还之外的数据项－奖励性转移支付　　　　　　　　　　－一般性转移支付

从推算所得的 2001 年一般性转移支付数值与 2001 年实际数值之间的比较来看,通过推算得到的数据与实际数据之间的误差还是比较小的。一般误差为 1％～2％,一些县市的误差不到 5‰。除个别县市之外,最大的误差不到 5％。误差产生的原因在于各个县市与省级财政体制结算的当年财政收入需要经过财政体制口径的统一,而我们在数据推算则采用了《全国地市县财政统计资料》数据库中的实际数值。

5.3.3　样本

由于宁波在 1988 年列为计划单列市,与中央财政直接结算,本章分析中不包含宁波及其所属的县市。除宁波外,浙江省 1994 年的行政区划一共包含 10 个地级市和 58 个县(市),2003 年浙江省行政区划共包含 10 个地级市和 53 个县市。由于地级市主要包含城区,基本不包含农村地区,因此考虑到数据的可比性,本章分析中暂不包含 10 个地级市。1994 年至 2003 年期间,萧山、余杭、金华、丽水和衢州分别在不同年份发生行政区划的调整。

---

[1]　欠发达县市 1995—1998 年的奖励和一般性转移支付都是实际值。

[2]　其中文成、泰顺和景宁是 25％。

其中金华县和丽水市是在 2000 年并入金华和丽水地级市,衢县是在 2002 年并入衢州市,因为这三个县在行政区划调整之后,分别被分拆到地级市所属的不同城区,不能通过数据处理来恢复这几个县在行政区划调整后的数据。而萧山和余杭虽然在 2000 年并入杭州,但财政体制仍然"省管县",结算关系也维持与省财政厅结算,而没有与杭州市财政结算,因此本章样本中仍然包含萧山与余杭。所以在本章分析中,我们利用县市的代码把不同年份的数据连接在一起,组成一个包含 55 个浙江省的县(市),时间跨度为 1994 年至 2003 年的整齐面板数据。

接下来,考虑到浙江省财政体制的具体财政政策是依据发达还是欠发达县市的"分类指导"原则,不同类型浙江省省级财政体制的转移支付政策也是如此。欠发达县市开始实施奖励性转移支付和一般性转移支付的财政政策是在 1995 年,发达县市开始实施奖励性转移支付的财政政策是在 1997 年。为了分析浙江省对于发达和欠发达的转移支付的财政政策可能会受到不同政策目标的影响,基于浙江省不同类型转移支付财政政策的范围划分标准,我们依据县市是否得到针对欠发达县市的一般性转移支付,把数据库进一步分解成发达县市和欠发达县市两个组别。由此,本章分析浙江省不同县市范围移的不同类型转移支付的影响因素过程中,使用了欠发达县市、发达县市与全省县市三组样本,其中欠发达县市的组别包含 26 个县市样本,发达县市的组别包含 29 个县市样本,全省县市包含 55 个县市样本,三组样本的时间跨度均为 1995—2003 年。

5.3.4　分析方法

为了分析不同范围不同类型转移支付的主要影响及其政策逻辑,需要对其他影响县市财政转移支付的因素加以控制。影响县市转移支付的因素可以分可观测到的和观测不到的两类。对于可以观测到的因素,我们可以将其直接引入回归模型。那些观测不到但又影响县市可以得到多少转移支付的因素又可以分为两种,即随时间变化的和不随时间变化的。为了控制县市中观测不到并且不随时间变化的因素,我们使用县市和时间固定效应计量模型(fixed-two effects model)。

本章回归分析采用欠发达县市、发达县市与全省县市三组样本的原因在于:一是分析和检验欠发达县市的一般性转移支付究竟主要受到哪些因素的影响,是否存在政治或者社会稳定的因素;二是分析和检验同一种条件性转移支付在不同发展水平的发达县市与欠发达县市之间的主要影响因素是否相同,并通过全省县市的回归来看政策的合成效果与政策逻辑的一致性;三是通过全省县市样本组分析和检验所有省级财政转移支付,在条件性和一般性转移支付加总后的主要影响因素,以及转移支付的政策逻辑。

5.4 计量模型与回归结果

为了分析浙江省不同县市范围不同类型转移支付政策的主要影响因素,以及转移支付在县市之间影响因素的一致性和政策实施的逻辑,我们在明确了本章回归中使用的变量定义之后,采用三组计量模型,通过欠发达县市、发达县市与全省县市三组样本来展开。

5.4.1 变量定义和统计描述

结合现有文献的研究,对于浙江省省级财政的不同县市范围不同类型转移支付的影响因素,本章主要考虑了集权行政体制、公平性问题、政治社会稳定和激励约束机制四个方面因素(Victor et al.,2004)。从集权行政体制影响因素看,省级政府有可能会通过财政的集中,造成县市的财政缺口,通过转移支付来调控或影响县市的财政支出(姚洋、杨雷,2003)。从政府官员晋升的 GDP 考核影响因素看,转移支付有可能会服从于政府经济发展指标的考核体系,经济发展水平高或经济增长快的县市,可以得到更多的转移支付(周黎安,2004,2007;王永钦等,2007)。

在中国现行财政体制中,造成县市一级财政缺口的因素主要有两个方面:一是 1994 年实行的分税制财政体制中,县市地方财政收入的统计口径中,并没有包含税收返还;二是省级财政体制中对县市地方财政收入的部分集中以后,除了省级财政安排的支出外,县市得到不同类型的转移支付。

从县市之间的不平衡和公平性问题影响因素看,如果省级财政转移支付存在公平性问题的影响,那经济发展水平低、人均财政收入低或者财政支出缺口大的县市,可以得到更多的转移支付;浙江省省级转移支付就应与这些因素存在负相关的关系,特别是欠发达县市。从政治社会稳定的影响因素看,浙江省只有丽水市景宁县是属于少数民族地区,国家统一问题应该不

会是浙江省转移支付的主要影响因素(王绍光,2002,2005);但欠发达县市
的基础政府正常运转和社会稳定问题还是存在的,如 Victor 等(2004)研究
所表明的,欠发达县市的财政供养人口就可能成为欠发达县市最为基本财
政支出需求的政策信号。此外,省级财政转移支付的财政资金基本来源于
县市的财政上解,在省级转移支付的影响因素中,可能会钉住地方财政努力
和财政上解努力。

在 1994—2003 年期间,浙江省出现了多次行政区划的调整,各个县市
的人口、GDP 数据和财政结算口径在浙江省是随行政区划调整同步进行的,
本章在样本确定,以及变量选择过程中,会尽量考虑行政区划的因素,以避
免指标测度的一些缺陷。① 浙江省地方政府得到的奖励性转移支付、一般性
转移支付和条件性转移支付都是由省级财政体制决定的,本章着重分析一
般性转移支付和条件性转移支付的影响因素,奖励性转移支付与地方财政
努力之间关系的研究在另外论文中进行。为了更好地理解本章的变量、变
量定义,以及变量与数据库的对应关系,基于浙江省 55 个县市的数据,列表
如表 5-1 和表 5-2 所示。②

---

① 在浙江省,进入 20 世纪 90 年代中期以后,涉及几个乡镇的局部行政区划调整发生
过多次,如 1997 年杭州市从萧山划走三个沿钱塘江的乡镇,1998 年温州市从瑞安市划走两
个乡镇。但本章采用的测度地方财政变量的指标地税税负增长,可以不受这种小幅度行政
区划调整的影响。

② 为了更好地了解主要变量的统计特征与相关关系,基于 29 个发达县市和 26 个欠发
达县市数据的变量统计描述,在附表 5-1 和附表 5-2 中给出。

表 5-1　主要变量定义和统计描述

变量	单位	定义	均值	标准差	最大值	最小值	样本数
trans0	千万元	除税返以外的转移支付	5.986	4.648	22.379	0.298	495
prtrans0	%	trans0/地方财政收入	69.717	81.377	495.285	2.249	495
trans1	千万元	均等化补助	1.311	2.345	12.137	0.000	495
prtrans1	%	trans1/地方财政收入	24.342	46.901	324.809	0.000	495
trans2	千万元	专项+结算补助	4.437	3.239	19.774	-0.073	495
prtarns2	%	trans2/地方财政收入	44.208	39.989	-1.349	303.225	495
rgdp	%	gdp 的年增长率	14.223	10.215	57.525	-19.917	495
pgdp	万元	人均 gdp	1.008	0.613	0.141	3.831	495
rlfina	%	地方财政年增长率	24.523	18.211	-22.487	119.209	495
perfisreven	千元	人均地方财政收入	14.132	12.815	0.939	85.846	495
fisdep	万人	财政供养人口	1.271	0.524	2.745	0.324	495
prfisdep	%	fisdep/popu	2.585	0.631	5.258	1.482	495
fissht	%	地方财政缺口比例	94.803	97.836	673.574	-12.836	495
handin0	千万元	各县市国税收入	17.826	20.733	173.044	0.554	495
prhandin0	%	handin0/财政总收入	46.690	8.584	19.139	67.683	495
handin1	千万元	专项上解	3.319	4.956	39.303	0.000	495
prhandin12	%	handin1/地方财政收入	12.615	7.826	42.091	0.000	495
popu	万人	总人口	54.241	29.428	122.000	8.000	495

　　注:(1)perfisreven 是按照浙江省各个县市财政供养人口计算的人均地方财政收入。(2)地方财政缺口比例 fissht=(地方财政支出—地方财政收入)/地方财政收入×100%。

表 5-2　主要变量之间的相关系数(N=495;Prob>|r| under H0：Rho=0)

variable	prtrans0	prtrans1	prtrans2	pgdp	rlfina	perfisreven	prfisdep	fissht	prhandin0
prtrans1	0.943 <0.0001								
prtrans2	0.918 <0.0001	0.735 <0.0001							
pgdp	-0.485 <0.0001	-0.436 <0.0001	-0.474 <0.0001						
rlfina	0.074 0.098	0.148 0.0009	-0.038 <0.0001	0.083 0.0643					

variable	prtrans0	prtrans1	prtrans2	pgdp	rlfina	perfisreven	prfisdep	fissht	prhandin0
perfisreven	−0.371 <0.0001	−0.302 <0.0001	−0.406 <0.0001	0.852 <0.0001	0.217 <0.0001				
prfisdep	0.577 <0.0001	0.454 <0.0001	0.638 <0.0001	−0.229 <0.0001	−0.044 0.3198	−0.308 <0.0001			
fissht	0.946 <0.0001	0.875 <0.0001	0.893 <0.0001	−0.569 <0.0001	−0.015 0.7354	−0.476 <0.0001	0.591 <0.0001		
prhandin0	−0.461 <0.0001	−0.425 <0.0001	−0.419 <0.0001	0.118 <0.0001	−0.204 <0.0001	−0.090 0.0343	−0.373 <0.0001	−0.314 <0.0001	
prhandin12	−0.321 <0.0001	−0.358 <0.0001	−0.238 <0.0001	0.437 <0.0001	0.072 0.1073	0.501 <0.0001	−0.268 <0.0001	−0.392 <0.0001	−0.025 0.5503

5.4.2 省级所有转移支付的影响因素分析

为了考察浙江省省级财政对县市的全部省级转移支付的主要影响因素,构建县市时间固定效应模型 1,把省级转移支付作为被解释变量:

$$\text{prtrans0}_{i,t} = \alpha_0 + \alpha_1 \text{fissht}_{i,t} + \alpha_2 X_{i,t} + \alpha_3 Y_{i,t} + \alpha_4 Z_{i,t} + \varepsilon_{i,t} \quad (1)$$

模型 1 中,i 为浙江省县市的 ID($i=1,2,\cdots,n$),模型 1 应用于全省、发达和欠发达县市三组不同样本时候,n 的取值分别为 55、29 和 26。t 为统计年份($t=1995,1996,\cdots,2003$),由于回归模型中采用了增长指标,因此数据从 1995 年开始,时间跨度为 9 年。其中 $\text{prtrans0}_{i,t}$ 表示第 i 个县市在 t 年所得到的省对县市的所有转移支付的力度,作为被解释变量。$\text{fissht}_{i,t}$ 表示集权行政体制导致的省级财政集中财力来调控县市财政支出的影响,是指第 i 个欠发达县市在 t 年财政支出的缺口程度,具体为测度方式为(地方财政支出−地方财政收入)/地方财政收入×100% 当年财政。$X_{i,t}$ 表示政府官员晋升考核以及公平性因素对一般性转移支付的影响,在模型 1 中具体使用的变量是 pgdp、rgdp、perfisreven、popu。$Y_{i,t}$ 表示政治社会稳定因素对一般性转移支付的影响,模型 1 中具体采用的变量是 prfisdep、fisdep。$Z_{i,t}$ 表示地方财政努力和财政上解努力因素对一般性转移支付的影响,模型 1 中具体采用的变量是 prhandin1、rlfina,同时,为了考察省级转移支付是否受到国税收入因素的影响,以及县市是否存在协调地税和国税的问题,还考虑了县市的国税上解比例变量 prhandin0。

本章在进行欠发达县市一般性转移支付影响因素的固定效应模型回归的同时,也回归了随机效应模型。因为在回归中大多数随机效应模型的Hausman检验都没有通过,本章只报告固定效应模型的回归结果,固定效应模型1的回归结果在表5-3中列示。本章主要关注集权行政体制、官员晋升GDP考核以及政治社会稳定因素对省级财政转移支付的影响,在表5-3固定效应模型的回归结果中,表示欠发达县市财政支出缺口变量fissht的回归系数为正,并在1%水平上高度显著,t值也是非常稳定。回归系数显示了县市的财政缺口增加1%,浙江的省级财政转移支付占县市地方财政收入的比例增加0.7%以上。对于浙江省县市而言,固定效应模型1的回归结果表明,除中央主导的税收返还的因素外,县市财政缺口是由省级财政主导的转移支付的重要影响因素。

表 5-3-1 浙江省全省县市省级转移支付(prtrans0)的回归结果

名称	(1)	(2)	(3)	(4)	(5)
intercept	24.6950***	73.5472***	70.1362***	81.2730***	95.1678***
	(3.38)	(7.95)	(7.68)	(7.86)	(2.65)
fissht	0.7414***	0.7745***	0.7683***	0.7809***	0.7796***
	(29.33)	(32.21)	(32.42)	(32.22)	(31.78)
perfisreven	−0.6112***	−0.6004***	−0.7098***	−0.4478***	−0.4468***
	(−5.46)	(−5.73)	(−6.65)	(−2.85)	(−2.67)
prhandin1	0.5592***	0.6095***	0.5041***	0.4746***	0.4865***
	(3.13)	(3.64)	(3.02)	(2.85)	(2.89)
prhandin0		−1.3838***	−1.2723***	−1.2256***	−1.2076***
		(−7.84)	(−7.23)	(−6.95)	(−6.69)
rlfina			0.1976***	0.2046***	0.2061***
			(3.95)	(4.10)	(4.11)
pgdp				−10.5684**	−11.4176**
				(−2.26)	(−2.26)
prfisdep					1.0646
					(0.33)
popu					−0.1473
					(−0.48)

名称	(1)	(2)	(3)	(4)	(5)
rgdp					0.0033 (0.04)
$F\,(Pr>F)$	13.43 (<0.0001)	12.76 (<0.0001)	12.72 (<0.0001)	12.78 (<0.0001)	11.64 (<0.0001)
R^2	0.9725	0.9760	0.9768	0.9771	0.9771
N	495	495	495	495	495

注:(1)本章回归采用的是 SAS 8.1 版的计量软件,通过 TSCSREG 方式的回归得到。(2)表中回归系数下方的括号内的数值表示 t 检验值。(3)F 值下方括号内的数值表示 P 值。(4)*、**、*** 分别表示在 10%、5% 和 1% 水平上显著。

表 5-3-2　浙江省发达县市省级转移支付(prtrans0)的回归结果

名称	(1)	(2)	(3)	(4)	(5)
intercept	25.6499*** (4.79)	26.7456*** (6.37)	32.3134*** (5.44)	35.2664*** (5.88)	45.2420*** (3.10)
fissht	0.1985*** (7.33)	0.1918*** (7.80)	0.2065*** (7.66)	0.1990*** (7.42)	0.1986*** (7.20)
prfisdep	−4.1840*** (−2.78)	−4.2069*** (−2.82)	−4.1167*** (−2.76)	−3.8922*** (−2.64)	−3.9822** (−2.47)
perfisreven		−0.1153** (−2.27)	−0.1269** (−2.47)	−0.1089** (−2.12)	−0.1241* (−1.68)
prhandin0			−0.1443 (−1.32)	−0.1993* (−1.81)	−0.1915* (−1.70)
rlfina				−0.0724** (−2.47)	−0.0658** (−2.18)
pgdp					0.1060 (0.05)
prhandin1					−0.0039 (−0.04)
popu					−0.0854 (−0.75)
rgdp					−0.0433 (−0.96)

续表

名称	(1)	(2)	(3)	(4)	(5)
$F(Pr>F)$	17.42 (<0.0001)	18.20 (<0.0001)	17.94 (<0.0001)	17.26 (<0.0001)	7.44 (<0.0001)
R^2	0.8706	0.8731	0.8741	0.8775	0.8785
N	261	261	261	261	261

注:(1)本章回归采用的是 SAS 8.1 版的计量软件,通过 TSCSREG 方式的回归得到。(2)表中回归系数下方的括号内的数值表示 t 检验值。(3)F 值下方括号内的数值表示 P 值。(4)*、**、*** 分别表示在 10%、5%和 1%水平上显著。

表 5-3-3   浙江省欠发达县市转移支付(prtrans0)的回归结果

名称	(1)	(2)	(3)	(4)	(5)
intercept	66.4708*** (8.06)	62.6758*** (5.35)	50.2496*** (4.28)	75.5683*** (4.69)	83.9727** (2.19)
fissht	0.7866*** (31.58)	0.8435*** (25.07)	0.8409*** (25.90)	0.8153*** (23.93)	0.8298*** (22.60)
prhandin0	−1.3738*** (−7.43)	−1.5254*** (−5.32)	−1.3338*** (−4.75)	−1.2794*** (−4.59)	−1.2063*** (−4.18)
prhandin1		1.1115*** (4.11)	0.9645*** (3.66)	0.9636*** (3.69)	0.9839*** (3.52)
rlfina			0.3149*** (3.96)	0.3726*** (4.51)	0.3801*** (4.49)
perfisreven				−1.2901** (−2.26)	−0.8813 (−1.34)
pgdp					−13.1921 (−1.03)
prfisdep					4.2265 (0.72)
popu					−2.2792 (−1.39)
rgdp					0.0407 (0.22)
$F(Pr>F)$	11.77 (<0.0001)	9.40 (<0.0001)	9.53 (<0.0001)	9.28 (<0.0001)	8.20 (<0.0001)

名称	(1)	(2)	(3)	(4)	(5)
R^2	0.9735	0.9666	0.9691	0.9699	0.9704
N	234	234	234	234	234

注:(1)本章回归采用的是 SAS 8.1 版的计量软件,通过 TSCSREG 方式的回归得到。(2)表中回归系数下方的括号内的数值表示 t 检验值。(3) F 值下方括号内的数值表示 P 值。(4) * 、** 、*** 分别表示在 10%、5%和 1%水平上显著。

在表 5-3 关于经济发展和人均财力水平的结果中,人均财力水平变量 perfisreven 与省级转移支付呈现负相关关系,并在 1%水平上高度显著, t 值也非常稳定。而经济发展水平变量也是负相关,在 5%水平显著;同时,经济增长率 rgdp 与省级转移支付之间并没有呈现明显的相关关系。固定效应模型 1 的这些回归结果表明,在浙江省的省级转移支付中,经济发展和人均财力水平这些测度公平性的变量是省级转移支付的重要影响因素。经济发展和人均财力水平较低的县市,得到的转移支付力度更大;与此同时,浙江省省级转移支付没有受到县市经济增长因素的明显影响。

在表 5-3 关于地方财政上交中央和上解省财政的变量的结果中,表示地方财政努力变量 rlfina 和地方财政上解变量 prhandin1 的回归系数为正,而上交中央财政的两税收入比例变量 prhandin0 的回归系数为负,这些变量全都在 1%水平上高度显著, t 值也是非常稳定。模型 1 的这些回归结果表明,地方财政努力和财政上交上解因素也是浙江省省级财政转移支付的主要影响因素,测度地方财政努力程度的地方财政收入增长越快,县市上解省级财政的比例越大,县市获得省级转移支付占县市地方财政收入的比例就越高。

综合来看,浙江省省级财政转移支付受到财政公平性和地区经济发展不平衡因素的影响,也同时受到县市地方财政努力和财政上交上解因素的影响;但县市经济增长并不是浙江省省级财政转移支付的影响因素。模型 1 的这些回归结果初步意味着,浙江省省级转移支付并没有受到官员晋升因素的明显影响,或者说官员晋升的 GDP 考核并没有在县市得到转移支付比例中有明显体现,经济增长快的县市并没有得到省级财政的更多奖励。但是,县市得到的转移支付是由多种类型的转移支付构成,不同发达水平的县市得到省级转移支付的影响因素也可能会不同。特别值得关注的是:财政公平性和地区经济发展不平衡因素对哪种类型的转移支付影响最为明显,欠发达县市的一般性转移支付的影响因素是什么?此外,县市财政缺口与省级转移支付之间的正相关关系,除了受到政府间财政纵向不平衡因素影响之外,是否还受到集权行政体制的影响,也需要进一步分析不同县市范围不同类型转移支付的影响因素,特别是发达县市的条件性转移支付与财政缺口之间的相关性。

5.4.3 一般性转移支付的影响因素分析

为了分析浙江省省级财政对欠发达县市一般性转移支付的主要影响因素,构建模型2如下:

$$\text{prtrans1}_{i,t} = \alpha_0 + \alpha_1 \text{fissht}_{i,t} + \alpha_2 X_{i,t} + \alpha_3 Y_{i,t} + \alpha_4 Z_{i,t} + \varepsilon_{i,t} \tag{2}$$

模型2中:i 分别为浙江省全省县市样本组和欠发达县市样本组的 ID ($i=1,2,\cdots,n$),n 分别取值55和26;t 的含义与模型1相同。其中 prtrans1$_{i,t}$ 表示第 i 个欠发达县市在 t 年所得到的一般性转移支付力度,作为被解释变量。模型2中的自变量的含义与模型1基本相同,X、Y和Z的变量选择范围也基本类似。

我们在进行欠发达县市一般性转移支付影响因素的固定效应模型回归的同时,也回归了随机效应模型。但只报告固定效应模型的回归结果,模型2的回归结果在表5-4中列示。在这些回归结果中,表示欠发达县市财政支出缺口变量 fissht 的回归系数为正,两者的相关性在1%水平上高度显著,t 值也是非常稳定。回归系数显示了县市的财政缺口增加1%,欠发达县市得到的省级财政转移支付占县市地方财政收入的比例增加0.3%左右。固定效应模型回归结果表明,欠发达县市财政缺口是省级一般性转移支付的主要影响因素。

表5-4-1　浙江省全省县市一般性转移支付(prtrans1)的回归结果

名称	(1)	(2)	(3)	(4)
intercept	−3.6770 (−0.74)	17.1778** (2.35)	−2.1258 (−0.21)	−17.9155 (−0.59)
fissht	0.2569*** (12.87)	0.2718*** (13.57)	0.2585*** (12.65)	0.2538*** (12.18)
perfisreven	−0.2889*** (−3.13)	−0.2700*** (−2.96)	−0.2740*** (−3.03)	−0.4096*** (−2.88)

名称	（1）	（2）	（3）	（4）
rlfina	0.2315***	0.2070***	0.1929***	0.1881***
	（5.48）	（4.92）	（4.55）	（4.41）
prhandin0		−0.5721***	−0.5431***	−0.5841***
		（−3.82）	（−3.61）	（−3.81）
prhandin1			0.2688*	0.2716*
			（1.89）	（1.90）
prfisdep			5.7668**	4.4331*
			（2.30）	（1.64）
pgdp				6.1535
				（1.43）
popu				0.1168
				（−0.45）
rgdp				0.0083
				（0.10）
F $(Pr > F)$	21.50	21.30	18.71	18.48
	（<0.0001）	（<0.0001）	（<0.0001）	（<0.0001）
R^2	0.9455	0.9473	0.9483	0.9486
N	495	495	495	495

注：(1)本章回归采用的是 SAS 8.1 版的计量软件，通过 TSCSREG 方式的回归得到。(2)表中回归系数下方的括号内的数值表示 t 检验值。(3)F 值下方括号内的数值表示 P 值。(4)*、**、*** 分别表示在 10%、5% 和 1% 水平上显著。

表 5-4-2　浙江省欠发达县市一般性转移支付（prtrans1）的回归结果

名称	（1）	（2）	（3）	（4）
intercept	72.1982***	33.3580***	−28.5368	−33.9095
	（6.66）	（3.49）	（−1.38）	（−1.11）
prhandin0	−0.7236**	−1.1092***	−0.7591***	−0.7643***
	（−2.48）	（−4.75）	（−3.31）	（−3.31）
prhandin1	0.9317***	0.6022***	0.5403***	0.6026***
	（3.45）	（2.73）	（2.57）	（2.69）
fissht		0.3078***	0.2891***	0.2947***
		（11.22）	（11.00）	（10.04）
rlfina	0.3242***		0.2991***	0.2775***
	（3.91）		（4.76）	（4.10）

续表

名称	(1)	(2)	(3)	(4)
prfisdep			11.1786*** (2.68)	10.5395** (2.24)
pgdp				6.0282 (0.59)
perfisreven				0.3425 (0.65)
popu				−0.5901 (−0.45)
rgdp				0.0934 (0.62)
F ($Pr>F$)	47.31 (<0.0001)	23.48 (<0.0001)	21.19 (<0.0001)	17.63 (<0.0001)
R^2	0.9177	0.9459	0.9534	0.9539
N	234	234	234	234

注:(1)本章回归采用的是 SAS 8.1 版的计量软件,通过 TSCSREG 方式的回归得到。(2)表中回归系数下方的括号内的数值表示 t 检验值。(3)F 值下方括号内的数值表示 P 值。(4)*、**、***分别表示在 10%、5%和 1%水平上显著。

在表 5-4 关于地方财政上交中央和上解省财政的变量的结果中,地方财政努力变量 rlfina 和地方财政上解变量 prhandin1 的回归系数为正,表示国税上解变量 prhandin0 的回归系数为负,1%水平上高度显著,t 值也是非常稳定。固定效应模型回归结果表明,表示地方财政努力的地方财政收入增长、县市上解省级财政比例和两税收入比例是欠发达县市一般性转移支付的主要影响因素,随着地方财政收入增长的加快、上解省级财政比例提高以及两税收入比例的降低,欠发达县市得到的一般性转移支付占地方财政收入的比例增加。此外,财政供养人口比例变量 prfisdep 的回归系数也为正,在 1%水平上高度显著,t 值也是非常稳定。这一回归结果表明,欠发达县市的财政供养人口比例是一般性转移支付的影响因素,财政供养人口比例较高的欠发达县市得到的一般性转移支付力度更大;这也意味着欠发达县市的一般性转移支付受到基层政府正常运转因素的影响。

比较出乎意料的是,在表 5-4 关于经济发展和人均财力水平的结果中,经济发展水平的变量 pgdp、经济增长率 rgdp 和人均财政收入(按财政供养人口)的变量 perfisreven 的回归系数为正,表示县市转移支付的要价能力的总人口指标的系数 popu 为负,但这些变量与一般性转移支付之间的相关性都不显著。固定效应模型 2 的归回结果表明,浙江省欠发达县市的一般性转移支付并没有受到财政不公平和经济发展不平衡因素的影响。

综合一般性转移支付的影响因素看,浙江省的欠发达县市的一般性转移支付是在困难补助基础上,结合了地方财政努力因素演变而成的财政政策。原有财政体制中的困难补助主要政策目标是,保证经济落后的欠发达县市的政府工资发放和政府正常运转费用。因此,一般性转移支付在一定程度上弥补了欠发达县市财政缺口的同时,主要受到了地方财政努力程度和上解因素的影响,反而没有受到公平性因素的影响。

5.4.4　条件性转移支付的影响因素分析

为了进一步分析浙江省不同县市范围的条件性转移支付的主要影响因素及其背后的政策逻辑,构建县市时间固定效应模型 3 如下:

$$prtrans2_{i,t} = \alpha_0 + \alpha_1 fissht_{i,t} + \alpha_2 X_{i,t} + \alpha_3 Y_{i,t} + \alpha_4 Z_{i,t} + \varepsilon_{i,t} \tag{3}$$

模型 3 中:i 为浙江省县市的 ID($i=1,2,\cdots,n$),计量模型 3 应用于发达县市、欠发达县市和全省县市三组不同样本时候,n 的取值分别为 29、26 和 55。t 为统计年份($t=1995,1996,\cdots,2003$),时间跨度为 9 年。被解释变量 prtrans2 表示浙江省各个县市得到的条件性转移支付。模型中其他变量的含义与选取范围与模型 1 相同。

本章在进行欠发达县市一般性转移支付影响因素的固定效应模型回归的同时,也回归了随机效应模型。基于与上文相同的原因,只报告固定效应模型的回归结果,固定效应模型 3 基于发达县市、欠发达县市与全省县市样本组的回归结果分别在表 5-5 中列示。在这些回归结果中,表示县市财政支出缺口变量 fissht 的回归系数在三个样本组中都为正,且在 1% 水平上高度显著,t 值也非常稳定。模型 3 基于三个样本组的回归结果表明,县市财政缺口是浙江省条件性转移支付的主要影响因素。

表 5-5-1　浙江省全省县市条件性转移支付（prtrans2）的回归结果

名称	（1）	（2）	（3）	（4）
intercept	60.5332*** (8.24)	80.3742*** (8.82)	75.7175*** (7.80)	110.6411*** (3.23)
fissht	0.5218*** (23.28)	0.5354*** (23.87)	0.5307*** (23.41)	0.5346*** 22.90
pgdp	−18.9408*** (−6.41)	−18.0883*** (−6.19)	−18.0374*** (−6.17)	−18.1180*** (−3.76)
prhandin0		−0.5924*** (−3.59)	−0.6015*** (−3.65)	−0.6242*** (−3.63)
prhandin1			0.2160 (1.39)	0.2152 (1.34)
perfisreven				0.0091 (0.06)
rlfina				−0.0055 (−0.12)
prfisdep				−3.3007 (−1.09)
popu				−0.2523 (−0.86)
rgdp				−0.0062 (−0.07)
$F (Pr>F)$	7.78 (<0.0001)	7.68 (<0.0001)	6.78 (<0.0001)	5.20 (<0.0001)
R^2	0.9169	0.9194	0.9197	0.9201
N	495	495	495	495

注：(1)本章回归采用的是 SAS 8.1 版的计量软件，通过 TSCSREG 方式的回归得到。(2)表中回归系数下方的括号内的数值表示 t 检验值。(3)F 值下方括号内的数值表示 P 值。(4)*、**、*** 分别表示在 10%、5% 和 1% 水平上显著。

表 5-5-2　浙江省发达县市条件性转移支付（prtrans2）的回归结果

名称	（1）	（2）	（3）	（4）
intercept	21.1322*** (5.63)	25.9329*** (6.12)	22.6506*** (3.92)	44.3360*** (3.02)
fissht	0.1936*** (7.73)	0.1969*** (7.93)	0.2270*** (7.98)	0.2003*** (7.23)

名称	(1)	(2)	(3)	(4)
prfisdep	-4.3471^{***} (-2.86)	-4.3091^{***} (-2.86)	-3.0674^{**} (-2.06)	-4.0648^{**} (-2.51)
prhandin0			-0.2321^{**} (-2.10)	-0.1865^{*} (-1.65)
rlfina			-0.0762^{**} (-2.59)	-0.0807^{***} (-2.66)
perfisreven		-0.1209^{**} (-2.36)		-0.1259^{*} (-1.70)
pgdp				0.1543 (0.07)
prhandin1				-0.0042 (-0.04)
popu				-0.0851 (-0.74)
rgdp				-0.0418 (-0.92)
$F\ (Pr>F)$	16.21 (<0.0001)	16.66 (<0.0001)	12.40 (<0.0001)	7.21 (<0.0001)
R^2	0.8683	0.8716	0.8803	0.8782
N	261	261	261	495

注:(1)本章回归采用的是 SAS 8.1 版的计量软件,通过 TSCSREG 方式的回归得到。(2)表中回归系数下方的括号内的数值表示 t 检验值。(3)F 值下方括号内的数值表示 P 值。(4)*、**、*** 分别表示在 10%、5% 和 1% 水平上显著。

表 5-5-3　浙江省欠发达县市条件性转移支付(prtrans2)的回归结果

名称	(1)	(2)	(3)	(4)
intercept	25.6743^{**} (2.44)	56.7745^{***} (3.91)	91.3515^{***} (3.21)	117.9732^{***} (3.36)
fissht	0.5390^{***} (17.85)	0.5592^{***} (18.45)	0.5356^{***} (16.25)	0.5389^{***} 16.01
prhandin0	-0.3919 (-1.52)	-0.4368^{*} (-1.73)	-0.4742^{*} (-1.82)	-0.4392^{*} (-1.66)
prhandin1	0.5004^{**} (2.06)	0.2930 (1.18)	0.3626 (1.45)	0.3906 (1.52)

续表

名称	(1)	(2)	(3)	(4)
pgdp		−30.5897*** (−3.04)	−18.8888 (−1.62)	−19.9323* (−1.69)
perfisreven			−1.1695*** (−2.04)	−1.2567** (−2.09)
rlfina				0.0637 (0.82)
prfisdep			−4.7886 (−0.91)	−6.3036 (−1.17)
popu				−1.7977 (−1.20)
rgdp				−0.0362 (−0.21)
F (Pr>F)	8.68 (<0.0001)	7.81 (<0.0001)	7.64 (<0.0001)	6.69 (<0.0001)
R^2	0.8893	0.8943	0.8965	0.8975
N	234	234	234	234

注:(1)本章回归采用的是 SAS 8.1 版的计量软件,通过 TSCSREG 方式的回归得到。(2)表中回归系数下方的括号内的数值表示 t 检验值。(3)F 值下方括号内的数值表示 P 值。(4)*、**、*** 分别表示在 10%、5% 和 1% 水平上显著。

从经济发展和人均财力水平变量对条件性转移支付的影响看,表 5-5-1 全省县市回归结果中,经济发展水平 pgdp 与条件性转移支付呈现负相关关系,且在 1% 水平上高度显著,t 值也非常稳定。表 5-5-2 发达县市回归结果中,人均财力水平变量 perfisreven 与条件性转移支付呈现负相关关系,而表 5-5-3 欠发达县市归回结果中,则是经济发展水平 pgdp 和人均财力水平变量 perfisreven 都与条件性转移支付呈现负相关关系,基本在 5% 水平上显著。此外,表 5-5-2 发达县市回归结果中,财政供养人口比例 prfisdep 与条件性转移支付呈现负相关关系,表 5-5-3 欠发达县市回归结果中,财政供养人口比例 prfisdep 与条件性转移支付呈现负相关关系,前者在 1% 水平上高度显著,后者则不显著。固定模型回归结果表明,浙江省条件性转移支付受到经济发展和人均财力水平等公平性因素的影响,同时受到财政供养人口比例下降和政府编制控制因素的影响。

从地方财政上交中央和上解省财政的变量对条件性转移支付的影响来

看,条件性转移支付受到地方财政收入增长、地方财政上交中央和上解省财等因素的影响并不如其他转移支付明显。表 5-5-1 和表 5-5-2 的全省县市和发达县市回归结果中,表示地方财政努力变量 rlfina 的回归系数都为负,其中发达县市回归结果在 5% 水平上显著,全省县市回归结果并不显著。而表5-5-3 欠发达县市回归结果中,表示地方财政努力变量 rlfina 的回归系数都为正,但并不显著。

5.5　小结

　　本章以 1995 年开始逐步建立较为规范和透明转移支付体系的浙江省为例,通过考察不同县市范围的一般性转移支付和条件性转移支付的主要影响因素,研究了浙江省不同类型转移支付的政策逻辑,使用数据主要来源于《全国地市县财政统计资料》,样本包括时间跨度为 1995—2003 年浙江省的 55 个县市、29 个发达县市和 26 个欠发达县市三组。通过对浙江省财政厅一些相关部门与人员,以及 2 个地级市和 6 个县市的三轮调研访谈,把数据与浙江省的"省管县"财政体制,特别是浙江省的转移支付体系结合。在实证分析中,本章使用县市和时间双固定效应模型,较好地控制了样本的可比性和时间序列影响的问题。通过对不同范围不同类型省级转移支付影响因素的分析,得出如下结论:

　　首先,浙江省的省级转移支付考虑了公平性因素。浙江省对县市的全部转移支付和条件性转移支付都与县市财政缺口和地方财政努力基本呈现正相关关系,与经济发展和财力水平负相关,经济发展水平高和人均财政收入高(按财政供养人口平均)的地区的转移支付力度较小。与此同时,浙江省省级财政也对欠发达县市安排了较为透明的一般性转移支付,而发达县市则没有安排一般性转移支付,表明省级转移支付受到公平性因素影响。但所有转移支付与财政缺口的显著正相关关系表明,浙江省省级财政体制也还是存在通过上解和转移支付调控县市的制度安排。

　　其次,不同类型转移支付的影响因素有所差别。欠发达县市的一般性转移支付在考虑了财政不平等问题的同时,也结合了这些县市地方财政努力的因素,形成了一定的激励约束机制,但也还是存在保证政治社会稳定——"吃饭财政"因素的影响。就欠发达县市样本组内的回归结果看,欠发达县市的一般性转移支付与财政缺口和地方财政努力正相关,公平性因素基本没有影响,更多是受到地方财政努力因素的影响;反而是条件性转移支付受到公平性因素的影响。此外,欠发达县市与发达县市转移支付的影响因素也有所差别,回归系数和相关性表明,欠发达县市得到的转移支付比发达县市更大程度上受到地方财政增长以及上解省财政因素的影响。

最后,浙江省条件性转移支付并没有钉住经济增长速度的因素,无论是全部转移支付和一般性转移支付与经济发展水平和经济增长率都不相关,特别是以项目配套资金为主体的条件性转移支付也没有呈现出与经济发展和经济增长因素的相关性,初步表明浙江省转移支付受到集权体制下官员晋升 GDP 考核体制的影响不明显。

附表 5-1 主要变量定义和统计描述（发达县市）

变量	单位	定义	均值	标准差	最大值	最小值	样本数
trans0	千万元	专项＋结算＋均等化补助	4.503	3.213	16.914	0.298	261
prtrans0	％	trans0/地方财政收入					261
trans2	千万元	专项＋结算补助	4.227	2.960	16.096	0.298	261
prtarns2	％	trans2/地方财政收入	18.841	10.827	57.118	2.249	261
rgdp	％	gdp 的年增长率	15.313	11.178	57.525	−16.034	261
pgdp	万元	人均 gdp	1.362	0.593	3.831	0.290	261
rlfina	％	地方财政年增长率	24.563	18.190	119.209	−9.228	261
perfisreven	千元	人均地方财政收入	19.170	15.054	85.846	3.398	261
fisdep	万人	财政供养人口	1.525	0.478	2.745	0.727	261
prfisdep	％	fisdep/popu	2.277	0.336	3.157	1.482	261
fissht	％	地方财政缺口比例	0.322	0.269	1.510	−0.128	261
handin0	千万元	各县市国税收入	28.418	23.487	173.044	3.597	261
prhandin0	％	handin0/财政总收入	50.739	6.160	67.683	34.146	261
handin1	千万元	专项上解	5.245	5.980	39.303	0.154	261
prhandin12	％	handin1/地方财政收入	14.634	6.294	41.702	2.792	261
popu	万人	总人口	69.234	26.163	120.000	35.000	261

注：(1)perfisreven 是按照浙江省各个县市财政供养人口计算的人均地方财政收入。
(2)地方财政缺口比例 fissht＝(地方财政支出－地方财政收入)/地方财政收入×100％。

附表 5-2　主要变量定义和统计描述(欠发达县市)

变量	单位	定义	均值	标准差	最大值	最小值	样本数
trans0	千万元	专项+结算+均等化补助	7.639	5.391	22.379	1.170	234
prtrans0	%	trans0/地方财政收入					234
trans1	千万元	均等化补助	2.775	2.754	12.137	0.000	234
prtrans1	%	trans1/地方财政收入	51.492	57.090	324.809	0.000	234
trans2	千万元	专项+结算补助	4.670	3.514	19.774	−0.073	234
prtarns2	%	trans2/地方财政收入	72.502	41.649	303.225	−1.349	234
rgdp	%	gdp 的年增长率	13.007	8.886	47.289	−19.917	234
pgdp	万元	人均 gdp	0.612	0.329	2.783	0.140	234
rlfina	%	地方财政年增长率	24.478	18.274	112.840	−22.487	234
perfisreven	千元	人均地方财政收入	8.512	5.923	33.596	0.939	234
fisdep	万人	财政供养人口	0.987	0.416	2.537	0.324	234
prfisdep	%	fisdep/popu	2.929	0.702	5.258	1.720	234
fissht	%	地方财政缺口比例	164.597	1.010	673.575	26.442	234
handin0	千万元	各县市国税收入	6.013	5.472	31.882	0.554	234
prhandin0	%	handin0/财政总收入	42.173	8.661	63.530	19.139	234
handin1	千万元	专项上解	1.172	1.843	12.621	0.000	234
prhandin12	%	handin1/地方财政收入	10.364	8.716	42.091	0.000	234
popu	万人	总人口	37.519	23.226	122.000	8.000	234

注:(1)perfisreven 是按照浙江省各个县市财政供养人口计算的人均地方财政收入。
(2)地方财政缺口比例 fissht=(地方财政支出−地方财政收入)/地方财政收入×100%。

参考文献

[1] Alexeev M，Kurlyandskaya G. Fiscal Federalism and Incentives in a Russian Region[J]. Journal of Comparative Economics，2003，31：20-33.

[2] Altunbas Y，Thornton J. Fiscal Decentralization and Governance[J]. Public Finance Review，2012，40(1)：66-85.

[3] Bardhan P. Decentralization of Governance and Development[J]. Journal of Economics Perspective，2002，16：185-205.

[4] Bird R M，Michael S. Intergovernmental Fiscal Transfers：International Lessons for Developing Countries[J]. World Development，2002，30(6)：899-912.

[5] Boadway R，Michael K. Efficiency and the Optimal Direction of Federal-State Transfers[J]. International Tax and Public Finance，1996，3：137-155.

[6] Dahlby B. Fiscal Externalities and the Design of Intergovernmental Grants[J]. International Tax and Public Finance，1996，3：397-411.

[7] Faguet J P. Does Decentralization Increase Responsiveness to Local Needs? Evidence from Bolivia[J]. Journal of Public Economics，2004，88：867-894.

[8] Hines J，Thaler R. The Flypaper Effect[J]. Journal of Economic Perspectives，1995，9(4)：217-226.

[9] Inman R P，Rubinfeld D L. Designing Tax Policy in Federalist Economies：An Overview[J]. Journal of Public Economics，1996，60(3)：307-334.

[10] Li P，Lu Y，Wang J. Does Flattening Government Improve Economic Performance? Evidence from China[J]. Journal of Development Economics，2016，123：18-37.

[11] Liu Y，Martinez-Vazquez J，Wu A-M. Fiscal Decentralization，Equalization，and Intra-provincial inequality in China[J]. International Tax and Public Finance，2016，23(3)：1-34.

［12］Jin H-H，Qian Y-Y，Weingast B R. Regional Decentralization and Fiscal Incentives：Federalism，Chinese Style［J］. Journal of Public Economics，2005，89(9)：1719-1742.

［13］Knight J，Shi L. Fiscal Decentralization：Incentives，Redistribution and Reform in China［J］. Oxford Development Studies，1999，27(1)：5-32.

［14］Oates W E. An Essay on Fiscal Federalism［J］. Journal of Economic Literature，1999，37(3)：1120-1149.

［15］Panizza U. On the Determinants of Fiscal Centralization：Theory and Evidence［J］.Journal of Public Economics,1999,74：97-139.

［16］Sato M. Fiscal Externalities and Efficient Transfers in a Federation ［J］. International Tax and Public Finance，2000，7：119-139.

［17］Stine W F. Is Local Government Revenue Response to Federal Aid Symmetrical? ［J］. Nat. Tax J. , 1994，47：799-816.

［18］Tiebout C. A Pure Theory of Local Expenditures［J］.Journal of Political Economy，1956，64：416-424.

［19］Tsui K-Y. Local Tax System，Intergovernmental Transfers and China's Local Fiscal Disparities［J］. Journal of Comparative Economics，2005，33(1)：173-196.

［20］Victor S，Qi Z，Liu M-X. "Eating Budget"：Credible Information and Fiscal Transfers under Predatory Fiscal Federalism［C］. Chicago：Annual Conference of American Political Science Association，2004.

［21］Weingast B R. Second Generation Fiscal Federalism：The Implications of Fiscal Incentives［J］. Journal of Urban Economics，2009，65 (3)：279-293.

［22］Xu C-G. The Fundamental Institutions of China's Reforms and Development［J］. Journal of Economic Literature，2011，49(4)：1076-1151.

［23］Zhuravskaya E V. Incentives to Provide Local Public Goods：Fiscal Federalism，Russian Style［J］. Journal of Public Economics，2000，76 (3)：337-368.

［24］陈思霞,卢盛峰.分权增加了民生性财政支出吗？——来自中国"省直

管县"的自然实验[J].经济学(季刊),2014(4):1261-1282.

[25] 高琳.分权与民生:财政自主权影响公共服务满意度的经验研究[J].经济研究,2012(7):86-98.

[26] 傅志华,李三秀.转移支付的激励与约束机制[J].地方财政研究,2007(2):9-13.

[27] 傅勇,张晏.中国式分权与财政支出结构偏向:为增长而竞争的代价[J].管理世界,2007(3):4-12,22.

[28] 龚锋,卢洪友.公共支出结构、偏好匹配与财政分权[J].管理世界,2009(1):10-21.

[29] 贾康.地方财政问题研究[M].北京:经济科学出版社,2004.

[30] 贾俊雪,郭庆旺,宁静.财政分权、政府治理结构与县级财政解困[J].管理世界,2011(7):30-39.

[31] 贾俊雪,宁静.纵向财政治理结构与地方政府职能优化——基于省直管县财政体制改革的拟自然实验分析[J].管理世界,2015(1):7-17.

[32] 谭之博,周黎安,赵岳.省管县改革、财政分权与民生——基于"倍差法"的估计[J].经济学(季刊),2015(3):1093-1114.

[33] 唐为,王媛.行政区划调整与人口城市化:来自撤县设区的经验证据[J].经济研究,2015(9):72-85.

[34] 王雪珍.从财政省管县到行政省管县体制改革的思考——以浙江省为例[J].经济体制改革,2011(2):138-141.

[35] 王绍光.中国财政转移支付的政治逻辑[J].战略与管理,2002(3):47-54.

[36] 翁礼华.浙江省财政税务志[M].北京:中华书局,2002.

[37] 翁礼华.五十而知天命——财税改革随笔[M].北京:中国税务出版社,1999.

[38] 吴金群,付如霞.整合与分散:区域治理中的行政区划改革.经济社会体制比较[J],2017(1):145-153.

[39] 吴木銮,王闻.如何解释省内财政分权:一项基于中国实证数据的研究[J].经济体制比较,2011(6):62-72.

[40] 姚洋,杨雷.制度供给失衡和中国财政分权的后果[J].战略与管理,2003(3):27-33.

[41] 尹恒,朱虹.中国县级地区财力缺口与转移支付的均等性[J].管理世界,2009(4):37-46.

[42] 张光.财政分权省际差异、原因和影响初探[J].公共行政评论,2009(1):133-158,204-205.

[43] 张光.测量中国的财政分权[J].经济社会体制比较,2011(6):48-61.

[44] 张恒龙,陈宪.政府间转移支付对地方财政努力与财政均等的影响.经济科学,2007(1):15-23.

6 分税制下省内财政分权的衡量：以浙江为例*

在分税制的框架下，如何衡量省内政府间财政分权是研究的基础。在对浙江省"省管县"财政体制考察的基础上，我们认为衡量省内财政分权必须把央－地财政关系和省以下政府间财政关系区分开，同时需要考察分税制后的财政体制和原体制相衔接的内容。我们同时讨论了现有研究在利用《地县市财政统计资料》时需要注意的一些问题。在此基础上，我们构建了三组衡量浙江省省内财政分权和财政自主性的指标，并进一步用联立方程方法考察了影响省内财政分权的因素。结果表明，在其他条件相同时，中央财政集中度与省内财政集中度呈现出显著的正相关。此外，省内财政集中度与人均 GDP 水平、财政供养人口比例呈现负相关。

6.1 引言

财政分权及其经济作用已经成为理解中国转型的一个主流视角，诸多学者就此进行了广泛的研究（Xu and Qian，1993；Qian and Roland，1998；Qian and Weingast，1996；Xu，2011）。但这些文献主要关注的是中央—省之间的财政关系。对于全国各个县市而言，除中央政府和县市政府间的财政关系之外，省和省以下政府间的财政关系（以下称省内财政关系或省内财政体制）也是财政体制的重要内容，两个层面的财政体制共同影响地方政府和

※ 本章是与复旦大学经济学院章奇副教授共同合作的成果。

※ 本章是与复旦大学经济学院章奇副教授共同合作的成果。

官员的财政激励结构和行为选择。并且,省内财政体制并不是央—地财政体制简单延伸,两者的影响因素和运行逻辑有很大差异(贾俊雪、宁静,2015;安苑、王珺,2010;陈诗一、张军,2008;Liu et al.,2016;Li et al.,2016)。因此,如何更好地在县市财政收支及转移支付中分离出央—地和省内财政体制,并依据两者在时间截面和时间序列上的变迁逻辑和变化趋势,进行科学衡量和分权指标选择,是探讨中国政府间财政分权特别是省内财政分权的基础性和前提性工作。

目前研究财政分权的文献,基本上从收入、支出和地方政府自主财力三个角度来讨论和衡量中央—地方财政分权程度(陈硕、高琳,2012;张光,2011;张晏、龚六堂,2005;乔宝云等,2005;周业安、章泉,2008;吴一平,2008;傅勇、张晏,2007;Baskaran et al.,2016)。例如,Zhang 和 Zou(1998)用地方财政收支占中央财政收支比例指标,Jin 和 Zhou(2005)等用地方财政收支占全国财政收支比重指标,陈硕、高琳(2012)则使用了财政自主度的指标,Lin 和 Liu(2000)以及 Jin 和 Zou(2002),则使用了边际分成率指标。在此基础上,有学者按照同样的逻辑构造了省内财政分权指标,[①]对省内财政分权的影响进行了研究。例如省内财政分权对经济增长的影响(刘小勇,2008;郑新业等,2011;贾俊雪、郭庆旺,2008;李涛、周业安,2008),省内财政分权和县级地区财力不均等的关系(毛捷、汪德华,2010;范子英、张军,2010;龚锋、卢洪友,2009),省内财政分权对公共卫生和健康状况的影响(Uchimura and Johannes,2009;谭之博等,2015),等等。吴木銮、王闻(2011)、张光(2009)则把省内财政分权作为被解释变量,探讨了影响省内财政分权的因素。

但现有财政分权的衡量方法,尤其是按收支法构建的指标,分母是全省收入或支出总和,分子则是各县的财政收入或支出,甚至是各县财政收入和支出之和。这样一来,正如陈硕、高琳(2012)所注意到的那样,由于分母相同,如果分子是各个县单独的财政收入或支出,则这一指标更多反映了省内不同地方的收入(支出)实力的横向对比,而不是上级政府和下级政府在收入上的分成方法。而如果分子是各县财政收入和支出之和,那么这种指标

---

① 例如,用省以下政府预算内收入/支出占全省预算内收入/支出比例衡量省内财政分权,或用省本级预算内收入占省预算内财政总支出衡量省以下政府财政自主性。

只是为了有利于进行不同省份间的横向对比，同样无法有效地反映省政府和省以下政府之间的财政收入分配关系。

更为本质性的是，现有文献由于没有把央—地财政关系和省内财政关系区分开，导致现有的财政分权衡量在理论逻辑和具体分权指标构成内容方面，均有不足之处。我们认为，省和省以下政府间财政收入分配，是在央—地财政体制基础上的省内各级政府间的分配。在衡量不同层级政府间财政关系时，有必要把央—地财政关系从地方财政收入分配中分离出来。另外，现有财政分权的研究中，基本都以财政部公开出版的《全国地县市财政统计资料》为基础，广泛地使用该数据。但我们在对浙江省实际调研的过程中发现，该数据库中平衡部分的数据并没有区分来自央—地财政体制和省内财政体制的影响，把这些数据项单独看作是由央—地财政体制下的内容或单独看作是省内财政体制下的内容都会存在很大的问题。例如：浙江作为经济较发达地区，来自中央的转移支付比例很低，大部分转移支付是省级财政对省以下财政的转移支付。在这种情况下，若把转移支付全都算作是来自中央的转移支付的话，就会对省内财政分权的估算造成很大的偏差。因此，使用该数据库应综合考虑央—地财政关系和省内财政的实际运转，进行相当程度的调整，我们将在本章6.3节详细介绍这一点。

同时，财政分权研究需要考虑与原体制相衔接的影响，才能反映出中国不同层级财政体制改革所遵循的存量利益不动，以增量调节利益格局的逻辑。实际上，1994年的分税制包括相当的与原体制相衔接的内容，以保持原体制下的既得财政利益分配格局。原体制上解和两税税收返还正是中央与地方之间存量利益格局的衔接。相应地，各省的省内财政体制也都基本上包括两个内容，即原体制上解省和税收返还上解省，以反映分税制前省政府和省以下政府间的财政利益分配。这种与原体制相衔接的部分，在分税制实施后的相当长的一段时间里，在整个省内财政资源的总盘子里所占的分量并不轻。但这部分内容，却在很大程度上被大多数的现有研究给忽略了。[①] 值得进一步指出的是，无论是原体制上解还是税收返还增收上解，都是上级政府和财政收入来源地政府间的财政往来，而不是上级政府把财政资源从财政收入来源地政府向其他地区的地方政府的转移。因此，这部分

---

① 我们目前只发现张光(2011)的研究对这一问题予以了注意。

内容实际上不应该看成是转移支付。①

此外,研究者在进行财政自主性指标的计算中,一般会考虑转移支付的因素,但存在着两个问题:一是把财力性转移支付和专项转移支付都计入可用财力的范畴;二是倾向于把转移支付都算作是来自中央政府的转移支付。这就带来了一些统计上的问题。前一种做法忽略了专项转移支付是上级政府为了达到某项政策目的,对下级政府的资金划拨,一般具有特定的用途,地方政府并不能随意使用这笔资金。不仅如此,往往专项转移支付还要求地方政府提供配套资金。这样一来,对于接受专项转移支付的地方政府而言,该资金实际上并不能起到像财力性转移支付那样的功能,甚至有可能增加地方政府的财政压力。因而,我们认为在计算地方政府的自主财力时,应该只计算财力性转移支付,把专项转移支付排除出去。后一种做法则可能人为放大或缩小央—地财政关系的作用。前述关于浙江省转移支付的例子即说明了这一问题。

按照上述思路,通过对浙江省这一典型省份省内财政体制的考察,本章对浙江省省内财政分权进行了相应的定义和数据调整。结果发现,②在考虑与原体制相衔的因素后,1994—2005 年,浙江省的中央财政集中度有不断上升的趋势,省内财政分权则相对保持平稳态势。与此同时,省财政不断加大省内财力性转移支付的力度,来提高县市政府的可自主支配财力,这也就造成了县市政府财政依赖程度的上升。在此基础上,我们进一步用联立方程方法考察了影响省内财政分权的因素。结果表明,在其他条件相同时,中央财政集中度与省内财政集中度呈现出显著的正相关。此外,省内财政集中度与人均 GDP 水平、财政供养人口比例呈现负相关。

本章接下来部分的结构安排如下:6.2 节简要介绍浙江省"省管县"财政体制的沿革,尤其是 1994 年分税制后的省内财政体制的特点;6.3 节根据浙江省省内财政体制的特点,从不同的角度构建衡量省内财政分权的指标;6.4 节介绍了我们如何对现有统计资料进行调整,以得到我们需要的数据和指标。6.5 节用联立方程对影响省内财政分权的各种因素进行了回归分析;6.6 节为本章的小结。

---

① 实际上,在财政部的有关统计中,这两块内容的确并没有被看作是转移支付的组成部分(李萍,2006)。

② 在本章中,根据浙江省"省管县"财政体制,我们用省—县(以及县级市)政府间的财政分权来衡量省内财政分权。

6.2 省内财政分权:现实背景

1994 年分税制之后,绝大多数省份实行了"市管县"财政体制,但随着财权上移事权下划所导致的县级财政困难问题的凸显,浙江作为全国民营经济最活跃的省份,其一直实行的"省管县"(Province Governing County, PGC)财政体制正越来越受到中央和其他省份的关注。[①]

6.2.1 浙江省管县财政体制

浙江省早在 1953 年就开始实施 PGC 财政体制,除了在"文革"时期部分年份部分县市有所中断外,一直在坚持实行 PGC 财政体制。[②] 除此之外,浙江省还是分税制后全国较早建立起较为规范的省内转移支付体系的省份。目前,全国已有 20 多个省(自治区)相继采取了 PGC 财政体制。

在浙江省的 PGC 财政体制下,县市和市(地)一样都直接与省财政在体制上挂钩并结算,市(地)与所辖县市在财政体制上并没有结算关系。同时,县市地税局局长都是由县财政局局长兼任,并由县领导直接任命,而非如其他省份地税系统的垂直领导体制,因而从人事上保证了县领导对于本地财政收支拥有更大的支配权。

6.2.2 PGC 体制下省一县市间财政关系

在分税制的制度框架下,浙江省的财政体制主要包括两块内容,即央地财政关系和省内的 PGC 体制。前者主要体现为该省各县市除了要向中央缴纳相应的国税收入(例如增值税的 75%,等等)外,还要承担向中央的原体制上解。同时,从中央财政获得相应的两税(增值税和消费税)和所得税基数等税收返还。此外,也从中央获得财力性以及专项转移支付。

而浙江省 PGC 财政体制的关键内容之一是财政上解体制。首先,各县

---

① 2004 年在财政部举办的一个全国会议上,主题之一就是呼吁其他地区的地方财政体制改革向"浙江经验"学习。有关会议情况简介可从该链接看到 http://cks.mof.gov.cn/crifshtmldefault/_history/63.html。

② 像浙江这样一直坚持"省管县"体制长期不变的,几乎是全国唯一的例子(宁夏和海南除外)。

市从1994年开始，以1993年类同分税制口径的地方财政收入为基数，此后每年财政收入对比基数新增收的20％需要上缴省财政，即"增收上解"。① 同时，各县市以1993年获得的中央两税返还额为基数，此后每年两税返还比基数增长部分的20％上缴省财政，即"两税返还增收上解"。② 另外，县市还要按照省财政体制完成原体制上缴的结算，即"原体制上解省"。③ 中央财政规定从1995年起取消原体制上解的递增，浙江省财政也同时取消了递增。此后年份，各县市实际上就以1994年的原体制上解为基数进行定额上缴。

另一个关键内容是转移支付体系。参照目前财政部的分类，浙江省有财力性和专项两大类转移支付。浙江省从1995年开始，把多数财力性转移支付，通过公式与地方财政收入的增长相挂钩，形成了转移支付的激励机制的公式化。具体为，只要县市当年的地方财政收入比上年增长1％，省财政就参照该县市当年地方财政收入的一定比例拿出财政资金，一部分作为奖金奖励给各县市的五套领导班子主要成员和财税系统干部，另一部分作为发展基金奖励给县市用于支持地方企业的技术升级和改造。一般而言，县市领导对奖励性转移支付具有决定权。另外，针对欠发达县④，只要地方财政收入每增长1％，则他们当年所能够获得的困难补助就会按照基数增长0.5％，基数就是他们上一年所获得困难补助的决算数。⑤

综上所述，从财政分权的角度看，县市的财政总收入首先需要按照央—地财政体制，把国税和原体制上解上缴给中央财政，并获得中央下划的各类税收返还；然后需要按照省—地财政体制，把增收上解、两税返还增收上解和原体制上解上缴给省财政。在此基础上，县财政从中央财政和省财政获得一定的转移支付。这样，县市财政总收入才算是在中央、省以及县市政府之间完成了配置，实际上也就是三级政府间财政分权从财权划分到财力分配的实现。

---

① 浙江省对少数贫困县和海岛县作适当照顾，玉环是15％，武义、三门是10％，淳安、岱山等10个县市则不需要增收上解。

② 同样对少数县作适当照顾，具体范围与政策同上。

③ 同样对少数县作适当照顾，但范围与增收上解的不完全相同。

④ 1995年有17个县被认定为欠发达县，到2001年逐步扩展到26个县被认定为欠发达县。

⑤ 1998年、2001年和2003年，浙江省分别调整了财力性转移支付的基数，前两次是扩大基数，1998年变动幅度很小；2003年则是缩小了基数，挂钩系数也比0.5有所减少。

6.3 省内财政分权:指标测度

根据对浙江省县市与中央、省之间的财政体制和财政分权关系的考察，接下来我们对央—地和省—县市这两个不同政府层级的财政分权关系，从三个不同的测度视角来进行指标的构建。

6.3.1 分税制测度下的财政分权指标

1994 年分税制改革，有了国税与地税之分，分别对应的是县市的中央与地方财政收入。目前，多数文献所使用的收入法计算的财政分权指标正是基于这一视角来构建的。我们也相应地对每一个县市构建了以下三个指标：

（1）中央财政集中度指标

$$(Center\_Cen1_{i,t}) = \frac{\text{县市的中央财政收入 } a_0}{\text{县市的财政总收入 } T_0} \tag{6.1}$$

其中，下标 i 表示第 i 个县市，t 表示第 t 年（下同）。该指标反映了一个县市的财政总收入（T_0）中，中央财政收入（即国税收入）所占的比重。该指标数值越大，意味着中央财政在该县的集中程度越高。

（2）省财政集中度指标

$$(Prov\_Cen1\text{-}1_{i,t}) = \frac{\text{地方财政收入的增收上解省 } b_1}{T_0} \tag{6.2}$$

浙江在省和县市之间没有进行分税，而是综合分成。我们在式（6.2）分子中，用了县市地方财政收入的"增收上解省"。这个指标反映了县市的财政总收入（T_0）中，因地方财政收入相对 1993 年增收而须上解给省财政所占的比重。

上述两个指标分别刻画了中央和省相对县市财政总收入的集中度。为了更好地反映省内财政分权，我们进一步构建了第三个指标：

（3）省内财政集中度指标

$$(Prov\_Cen1\text{-}2_{i,t}) = \frac{b_1}{\text{地方财政收入 } T_1} \tag{6.3}$$

这一指标反映了县市财政总收入里除中央财政收入以外的地方财政收入（T_1）中，增收上解省所占的比重。

需要特别注意的是,这组基于税收划分进行分权测度的指标,仅主要反映县市实行分税制后的税收增量的分配关系,并没有反映改革前的存量的分配关系。也就是说,这组指标实际上仅仅完成了分税视角的测度,并不能完整刻画分税制下中央、省和县市政府之间的财政分权关系。

6.3.2 分税制测度下考虑与原体制衔接的财政分权指标

要构建分税制测度下财政分权指标,还需在分税测度基础上,与原体制进行衔接,以包含原有体制下政府间的财政利益分配关系。对于央—地财政关系而言,这包括地方财政收入的原体制上解中央和中央对地方的税收返还;对省内政府间财政关系而言,这包括原体制上解省和税收返还增收上解省。类似于 6.3.1 节,我们构建了第二组的三个指标:

(1)中央财政集中度指标

$$(Center\_Cen2_{i,t}) = \frac{a_0 + 原体制上解中央\ a_1 - 中央税收返还\ a_2}{T_0} \quad (6.4)$$

式(6.4)反映县市财政总收入中属中央的财政收入所占的比重,我们可以通过这一个指标对分税制下中央财政的集中程度进行较为完整的刻画。

(2)省财政集中度指标

$$(Prov\_Cen2\text{-}1_{i,t}) = \frac{b_1 + 原体制上解省\ b_2 + 两税返还增收上解省\ b_3}{T_0}$$

$$(6.5)$$

式(6.5)反映分税制下县市财政总收入中属省的财政收入所占的比重。

(3)省内财政集中度指标

$$(Prov\_Cen2\text{-}2_{i,t}) = \frac{b_1 + b_2 + b_3}{T_0 - (a_0 + a_1 - a_2)} \quad (6.6)$$

式(6.6)是反映县市地方性的财政收入中属省的财政收入所占的比重。与这组的第二个指标相比,它可以更加明确地反映出在央—地财政体制基础上,省内的财政集中程度。

6.3.3 县市的财政自主性指标

前面两组指标的分权测度均没有考虑转移支付的因素。但对县市政府财政支出安排的自主权而言,除了按不同层级体制结算得到的自有财力之外,来自上级的财力性转移支付也是可自主使用的财力。为了考虑进这一

因素,我们在6.3.2节的基础上,构造了第三组的如下四个指标,来衡量县市财政不同层面的自主性:

(1)自有财力测度下的财政自主性指标1

$$(\text{Fis\_auto1}_{i,t}) = \frac{T_1 - b_1}{\text{地方财政支出 } E_0} \tag{6.7}$$

(2)自有财力测度下的财政自主性指标2

$$\text{Fis\_auto2}_{i,t} = \frac{T_1 - (b_1 + b_2 + b_3) - a_1 + a_2}{E_0} \tag{6.8}$$

与式(6.7)相比,显然式(6.8)更准确地反映了县市自有财力水平。

(3)自主财力测度下的财政自主性指标

$$\text{Fis\_cap}_{i,t} = \frac{T_1 - (b_1 + b_2 + b_3) - a_1 + a_2 + \text{省财力性转移支付 } c_0}{E_0} \tag{6.9}$$

式(6.9)与式(6.8)相比,其差异在于前者的分子加上了县市从省级政府得到的财力性转移支付。

(4)县市财政支出自主性对省财力性转移支付的依赖度指标

$$\text{Fis\_dep}_{i,t} = \text{Fis\_cap}_{i,t} - \text{Fis\_auto2}_{i,t} = \frac{c_0}{E_0} \tag{6.10}$$

从式(6.9)和式(6.10)可以看出,我们仅把财力性转移支付计入县市的可自主支配财力c_0,但并不包括专项转移支付。这是基于专项转移支付的内在特性(见本章6.1相关论述)。[①]结合6.2节介绍可知,c_0包括省奖励性转移支付c_1、省困难补助c_2和省财力补助c_3。

---

① 我们这里对政府可用财力的讨论,与财政部关于地方可用财力测算的思路是一致的。参见李萍(2006)。

6.4 省内财政分权:数据处理

6.4.1 数据来源及问题

本章所使用的数据除部分补充性数据来源于《浙江六十年统计》、《浙江省财税志》,主要来源于 1993—2005 年的《全国地县市财政统计资料》(以下简称《地县市财统》)。目前,大多数研究中国地方财政问题的文献所使用的县市财政数据,也是来源于该数据库。但值得指出的是,《地县市财统》中"平衡部分"的多项数据实际上包括央—地和省—地财政体制两部分内容,而没有把两者分开处理。此外,由于《地县市财统》是逐年编制的,存在着数据项的名目随年份不断细化分解和变更,以及相同含义数据在不同年份被归到不同数据项的问题,需要作数据项含义一致性的归整处理。因此,如果对《地县市财统》不加甄别地使用,很可能会导致分析结果出现很大偏差甚至谬误。

就本章所构建的三组省内财政分权测度的指标而言。需要作分离处理的数据项主要有:《地县市财统》中平衡部分的"原体制上解"数据是原体制上解中央 a_1 和原体制上解省 b_2 两者之和。"两税返还"是县市在中央两税返还增收上解省财政之后,最终获得的两税返还,即中央两税返还 a_2 和两税返还增收上解省 b_3 两者之差。

需要作数据含义或年份间一致性归整处理的数据项主要有:1994—1999 年的"专项补助"包含了财力性转移支付 c_0 和专项转移支付。2000 年的"其他支出"中包含了该年的增收上解省 b_1。2002—2005 年的"原体制上解"中,包含了部分增收上解省 b_1。

另外,《地市县财统》的原始数据中只有消费税和 75% 增值税的数据,而中央分享的企业和个人所得税在《地县市财统》并没有包含。需要依据《地县市财统》中相应年份县市的企业和个人所得税进行推算,再加总得到中央的国税收入,即县市的中央财政收入 a_0。

情况比较复杂的是省财力性转移支付 c_0,《地县市财统》中并没有它的直接原始数据。需要结合 6.2 节介绍的省内转移支付体系的实际运行,才有可能进一步通过对相关原始数据做体制分离和一致性的处理来得到。

6.4.2 数据处理与说明

只有妥善解决好《地县市财统》中所存在的上述数据问题，才有可能得到与本章所构建的三组省内财政分权指标相匹配的数据。而要解决这些数据问题，比较有效的途径就是对财政部门进行调研访谈。为此，我们在近 6 年里，对浙江省财政厅以及县市的财政部门进行了多轮次调研访谈。第一轮是在随机抽样的基础上，以杭州、温州、金华 3 个地级市及其所属的 6 个县市作为样本来进行的。之后又陆续进行了两轮以及多次补充性调研。通过大量调研访谈以及所收集的县市预决算表等第一手资料，深入了解了不同层级政府间财政体制运行，尤其是省内财政体制的实际运行与《地县市财统》中各项数据的对应关系。

通过调研我们发现，《地县市财统》虽然是逐年编制，但同一年不同县市之间的编制口径和规则是相同的。由此，数据含义和年份间一致性问题比较容易处理，只要依据调研得到的信息进行相应归整就可以了。数据的体制分离问题则相对困难一些，因为现有数据各指标，并没有给出原始数据间的勾稽关系。这就需要我们结合调研信息和资料，梳理归纳出相应的算法。在此基础上，进一步对样本县市数据的合理性和稳健性进行检验，并在这一过程中对数据进行修正，才能从原始数据推算出与变量含义相匹配的数据。当然，个别变量（如省困难补助）还需要补充数据的辅助。为了简明起见，具体算法及其与原始数据的对应关系列表说明如下（见表 6-1）。

表 6-1　指标中主要变量的具体算法及其与原始数据的对应关系

《地县市财统》平衡部分的数据项（1）	本章指标中的变量（2）	（1）和（2）之间的勾稽关系
1. 原体制上解	原体制上解中央 a_1	$a_1 = (1) \times \phi$①
2. 原体制上解	原体制上解省 b_2	$b_2 = (1) \times (1-\phi)$
3. 专项上解	增收上解省 b_1	$b_1 = (1)$

---

① 各个县市之间的 ϕ 值一般是不同的，具体取值参照了 1992—1993 年省财政体制以后得到。又因为 1995 年开始不再递增，实际变为定额上解，所以同一县市不同年份的 ϕ 值是相同的。

续表

《地县市财统》平衡部分的数据项（1）	本章指标中的变量（2）	（1）和（2）之间的勾稽关系
4. 本年收入	省奖励性转移支付 c_1	$c_1 =$ （1）的增长率 $\times b_1 \times \varphi$ ①
5. 本年收入	省困难补助 c_2	$c_2 =$ （1）的增长率 $\times$ 上年 c_2 $\times 0.5$ ②
6. 两税返还	两税返还增收上解省 b_3	$b_3 = [$ （1）$-$两税返还基数$]$ $\times 0.25$
7. 专项补助（1995—1999年）	省财力性转移支付 c_0 （1995—1999年）	$c_0 =$ （1）$\times \lambda\% +$ （c_{1+} c_2）$\times$ （$1-\lambda\%$）③
8. 各项补助或转移支付（除专项和增发国债补助）（2000—2005年）	省财力性转移支付 c_0 （2000—2005年）	$c_0 =$ （1）中相关数据之和

　　表6-1中的两税返还基数是指各县市在1993年由中央确定的两税返还基数。它可以通过1994年县市实际得到的两税返还，并结合该年上划中央的两税增长率推算得出。中央税收返还 a_2 为原始数据中的两税返还和所得税返还基数的基础上，再加两税返还增收上解省 b_3。另外，我们排除了省奖励性转移支付 c_1 中针对个人的奖励。原因是县市获得的这部分收入，只是用于主要领导和部分干部的个人奖金支出，而不是所有政府人员的工资性支出。需说明的是，因为无法把浙江从中央得到的财力性转移支付分解到各个县市，我们对财力性转移支付的体制分离是不完全的，省财力性转移支付中包含了来自中央的数据。不过，中央对浙江的财力性转移支付规模和比重都很小，随时间变化也相对较小，所以这一问题对本章研究的影响不会有很大的偏差。④

　　在以上数据处理的基础上，我们就可以计算出浙江各个县市各组历年的分权测度指标。1994—2005年，浙江大多数地级市都有不同程度的行政区划调整。这使得多数被并入县市的财政体制结算关系从省转到了地级

---

　　① 发达县市与欠发达县市之间的 φ 值不同。发达县市为4%；欠发达县市1999年为15%，其他年份为5%。

　　② 根据浙江省该项政策的实际运行，2004年的挂钩系数为0.4，2005年为0.3。

　　③ 需要说明的是，λ 的具体取值在不同县市之间存在一定差异。

　　④ 中央对浙江（除宁波）的财力性转移支付1995年仅约为0.25亿元，占当年浙江（除宁波）财政总收入的0.12%。2005年为4.83亿元，占0.29%。

市,地级市的数据口径也因而有了较大变动。因此,我们并没有把地级市以及那些被并入地级市的县纳入分析,不过对萧山和余杭予以了保留。① 最终,我们获得了 55 个县市 1994—2005 年的财政分权面板数据。受篇幅所限,表 6-2 仅汇报了部分指标的统计结果。②

表 6-2 描述性统计结果(1994—2005 年)

	观测总数	均值	标准误	最小值	最大值
省内财政集中度(Prov_Cen2-2)	494	0.18	0.09	0.00	0.50
中央财政集中度(Center_Cen2)	494	0.28	0.10	0.02	0.47
财政自主性(Fis_auto2)	494	0.70	0.21	0.21	1.42
实际可支配财力(Fis_cap)	494	0.86	0.12	0.44	1.45
财政依赖度(Fis_dep)	494	0.16	0.14	0.00	0.56

注:指标定义和数据来源参见下文。

6.5 省内财政分权:结果分析

为了考察不同指标的适用性,以及不同层级政府间的财政分权关系,我们对指标进行了比较,同时还着重分析了省内财政分权和财力流向的影响因素。

6.5.1 指标分析及比较

首先对前面两组收入法的指标进行考察。图 6-1-a 显示了 1994—2005 年期间,第一组在分税测度下的中央财政集中度(Center_Cen1)的中位数总体变化趋势是逐年下降(2002 年除外),而省财政集中度(Prov_Cen1-1)与省内财政集中度(Prov_Cen1-2)则是逐年上升。图 6-1-b 显示了相同期间,第二组在分税制测度下的三个指标的变化趋势都正好与图 1-a 相反。具体来看,衡量中央财政集中度的第一组(Center_Cen1)比第二组(Center_Cen2)在 1994 年高了近 34 个百分点,2005 年仍高近 15 个百分点;整个期间都是

---

① 萧山和余杭虽然在 2001 年并入杭州分别成为其所属的区,但行政区划范围比较完整保留,也仍与省财政进行体制结算。

② 有部分县市的财政自主性指标大于 1,这主要是受当年税收返还数字变化的影响。

第一组高于第二组,但差距逐年有所缩小。衡量省内财政集中度的第一组
(Prov_Cen1-2)指标从 1994 年的 5％升至 2003 年的 22％(9 年 17 个百分
点),到 2005 年回落到 20％;第二组(Prov_Cen2-2)则从 1994 年的 22.9％降
至 2005 年的 19.8％,时间趋势相对平缓。显然,两组指标不但在时间截面
上差异大,时间趋势上更是相反。

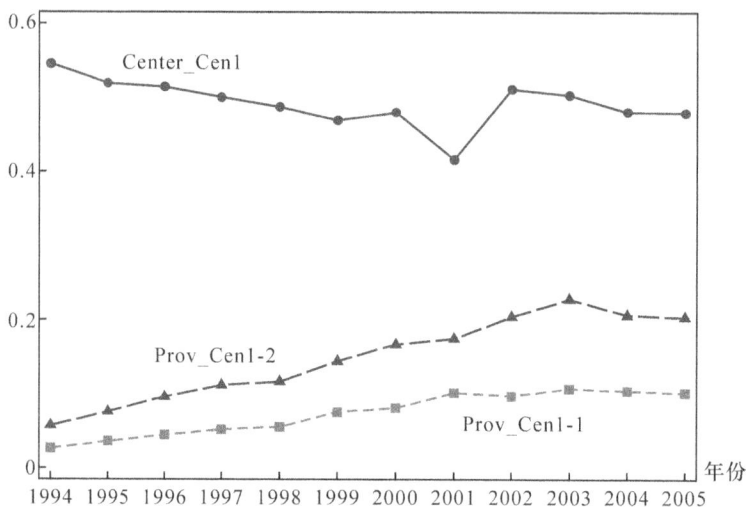

图 6-1-a　未考虑与原体制衔接的财政集中度

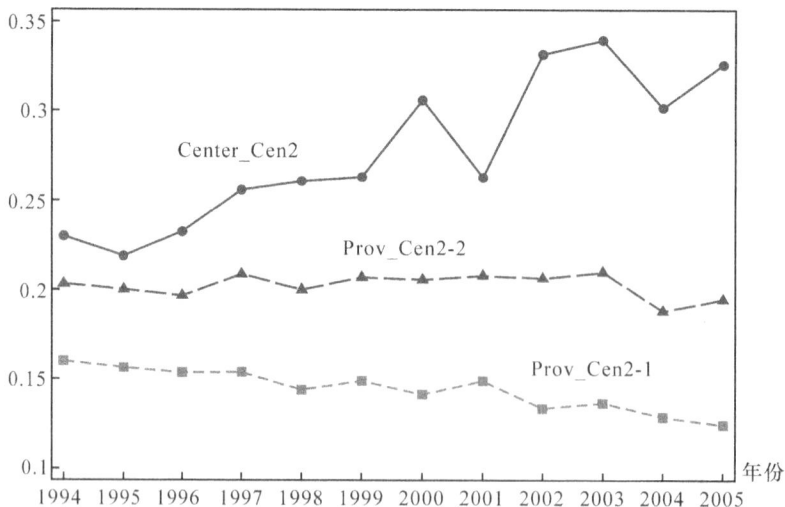

图 6-1-b　考虑与原体制衔接的财政集中度

从 6.3.3 节的定义可知,两组指标含义的区别是分子中原体制上解、税收返还和增收上解的相关变量。事实上,我国中央和省的历次财政体制改革都遵循了保持存量的利益格局不动,通过增量来调整政府间财政利益关系的逻辑。分税制下,除分税之外,存量利益不动在央—地之间具体表现为 1994 年的两税返还基数与原体制上解中央,以及 2002 年的所得税返还基数的衔接置换。由于存量利益因绝对值不变,其分配效应会随财政收支规模的增长而减弱。增量调整则表现为,两税(国税部分)增收逐年按增长率 1:0.3 挂钩比例来返还,即中央拿两税增量的大头。由此可见,1994 年同样衡量中央财政集中度的指标 Center_Cen1 与 Center_Cen2 之间的差距,体现了两税返还基数(属县市)与原体制上解(属中央)存量利益之差,这也正是县市在 1993 年拼命做大两税返还基数的原因所在。时间趋势上,Center_Cen1 的逐年下降仅能反映国税年增长率比地税低的现实,而 Center_Cen2 则财政分权含义更加丰富,其变化能够比较完整地反映出央—地之间存量和增量分配的双重效应。同理可以解释,两组衡量省财政集中度和省内集中度的指标在体制含义上的差异,及其在时点和时间趋势上的差别。

从第三组支出法的指标考察来看。图 6-1-c 给出了三种测度下县市财政自主性指标历年中位数的变化趋势。可以看出,1994—2005 年期间,类似于分税口径下按自有财力测度的县市财政自主性指标(Fis_auto1)一直处于较低位置,中间的是分税制下按自有财力测度的的县市财政自主性指标(Fis_auto2),上端则是按自有财力测度的县市财政自主性指标(Fis_cap)。此外,这三个指标的时间趋势都是上升的,并且 Fis_cap 的上升幅度更加明显,其他两个指标上升则相对平缓(2001 年因发生所得税改革除外)。

结合第三组支出法的指标定义可知,Fis_auto1 是仅在央—地财政关系中的国税和地税划分基础上,反映了省—地财政关系中的地方财政收入增收上解。Fis_auto2 则还反映了原体制上解、税收返还和增收上解,即不同层级政府间存量和增量的利益分配关系。图 6-1-c 中 Fis_auto2 曲线整体高于 Fis_auto1 说明存量利益衔接中县市得到的税收返还收入效应大于上解支出效应。值得进一步解释的是 Fis_cap 时间趋势,其曲线的上升说明了浙江省对县市财力性转移支付力度持续加大,而与 Fis_auto2 曲线之间缺口加大说明了财力性转移支付对县市财政自主性的贡献度在提高。此外还表明,浙江在对县市财力性转移支付与专项转移支付之间的结构调整,即专项转移支付力度在相对降低。

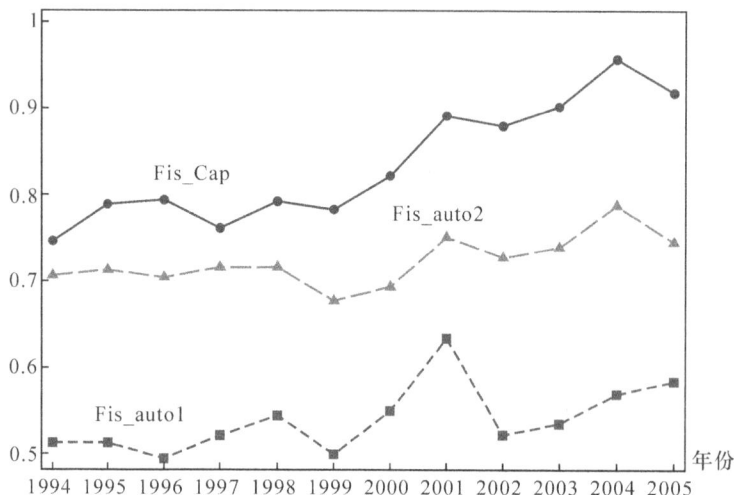

图 6-1-c　按各种口径计算的县市自主性指标

综合上述分析,不同测度视角下的财政分权指标之间差异很大,其所能包含的政府间财政分权的体制含义也差别相当明显。就本章的主题而言,我们更倾向于选择能更好反映体制及其变迁含义的指标。

6.5.2　省内财政集中度的影响因素

目前,关于中国财政分权(尤其是省内财政分权)影响因素的研究还很少。张光(2009)、吴木銮和王闻(2011)等对这一问题进行了探讨。但他们还只是通过收支法在省的层面上汇总省内总体分权程度并进行省际对比,并不能充分反映省内财政体制的特点,也无法比较省内不同县市之间的财政分权差异。从这个角度来看,本章对省内不同县市财政分权进行比较研究是新的尝试。

在方法上,由于影响省内财政分权的因素与省内财政分权之间很可能互为因果,因此我们利用联立方程法对以下方程进行估计:

$$\ln(\mathrm{PGDP}_{i,t}) = \beta_0 + \beta_1 \ln(\mathrm{PGDP}_{i,t-1}) + \beta_2 (\mathrm{Prov\_Cen2\text{-}2}_{i,t}) +$$
$$\alpha_3 (\mathrm{Center\_Cen2}_{i,t}) + \alpha_4 (\mathrm{Popu}_{i,t}) + \delta_i + \gamma_t + \mu_{i,t}$$

$$\text{Prov\_Cen2-2}_{i,t} = \alpha_0 + \alpha_1 \ln(\text{PGDP}_{i,t}) + \alpha_2(\text{Center\_Cen2}_{i,t}) +$$
$$\alpha_3(\text{Fis\_popu}/\text{Popu}_{i,t}) + \alpha_4(\text{Fis\_dep}) +$$
$$\delta_i + \gamma_t + \mu_{i,t}$$

$$\text{Fis\_dep}_{i,t} = \alpha_0 + \alpha_1 \ln(\text{Prov\_Cen2-2}_{i,t}) + \alpha_2(\text{Center\_Cen2}_{i,t}) +$$
$$\alpha_3(\text{Fis\_popu}/\text{popu}_{i,t}) + \alpha_4(\text{Popu}_{i,t}) + \delta_i + \gamma_t + \mu_{i,t} \quad ①$$

其中，下标 i、t 代表第 i 个县和第 t 年。δ 是县市固定效应，γ 是时间（年度）效应，μ 是误差项。在第一个方程中，被解释变量是考虑了与原体制衔接后的省内财政集中度（Prov_Cen2-2）。我们认为该指标更全面地反映了省内财政体制的特点和省内财政资源分配的结果。

在解释变量中，我们首先通过取自然对数后的人均 GDP 来控制住县市的经济发展水平。省内财政分权程度与经济发展水平之间的关系是一个经验性的实证问题。一方面，经济越发达，本地居民对公共服务的要求越高，从而财政分权的必要性也就越高。另一方面，随着经济发展水平的提高，上级政府出于调整收入分配的目的，从而提高财政集权程度的可能性也就越高。

除此之外，我们还控制住了反映央—地财政关系的中央财政集中度（Center_Cen2），该指标同样考虑了与原体制衔接后的内容。分税制后，上级政府有从下级政府集中财力以确保本级财力的倾向。因此，中央政府财政集中度的提高，可能会促使省政府提高省内财政集中程度。另一方面，从 6.5.1 节的省内财政分权和央—地财政关系的变化趋势图中，可以看出省内财政集中度的变化也很可能考虑了中央财政集中程度的变化，以通过前者对后者的抵销来保证县市政府的财政收入。因此，该变量的估计系数将表明哪一种效应更占优势。

我们还控制住了财政供养人口占总人口的比例以及财政依赖度指标。这两个指标越大，对县市政府财政收入的压力就越大，从而也可能会导致降低省内财政集中度降低。

在第二个方程中，被解释变量是取自然对数的县市人均 GDP。解释变量包括滞后一期的人均 GDP、省内财政分权度（Prov_Cen2-2）、反映央—地

---

① 除此之外，我们还用动态系统 GMM 方法进行了回归，结果类似。有兴趣的读者可向我们索取。

财政关系的中央财政集中度（Center_Cen2），以及总人口。我们通过控制中央—地财政关系以及省内财政分权，来看财政体制对经济发展水平的影响。我们通过控制住总人口来衡量当地市场规模对经济发展水平的影响。

在第三个方程中，被解释变量是财政依赖度。解释变量包括省内财政集中度（Prov_Cen2-2）、反映央—地财政关系的中央财政集中度（Center_Cen2）。显然，中央和上级财政集中程度越高，县市财政依赖度就越高。同时，我们还控制住了财政供养人口占总人口比例以及总人口。我们预计随着财政供养人口比例和总人口比例的上升，在其他条件相同的情况下，对财政支出的压力也会增大，从而提高财政依赖度。

表 6-3　联立方程回归结果

	省内财政集中方程	ln（人均 GDP）方程	财政依赖度方程
ln（人均 GDP）	−0.27*** (0.09)		
滞后一期 ln（人均 GDP）		0.56*** (0.05)	
省内财政集中度		−1.03* (0.55)	2.74*** (1.02)
中央财政集中度	0.39*** (0.10)	0.28 (0.16)	−0.49* (0.29)
财政供养人口占总人口比例	−0.82 (0.94)		5.18** (2.62)
财政依存度	−0.52 (0.37)		
ln（总人口）		−0.31** (0.13)	−0.53* (0.28)
县固定效应			
年度固定效应			
R^2	0.85	0.99	0.71
观测数	494	494	494

注：*、**、***分别代表在 10%、5%和 1%水平上显著。

表 6-3 给出了对上述联立方程的估计结果。首先，在影响省内财政分权的因素中，人均 GDP 的系数显著为负，说明随着经济发展水平的上升，省内财政集中度变得更低。根据估计系数，可以推算出，若其他控制变量取均值水平，则当县市人均 GDP 从样本均值水平上下浮动一个标准差（即从 5788

元上升到 10910 元），则县市的省内财政集中程度下降 17 个百分点。另外，反映央—地财政关系的中央财政集中度（Center_Cen2）的系数显著为正，说明随着中央财政集中程度的提高，省内财政集中程度也在提高。同样地，根据估计系数，可以推算出，若其他控制变量取均值水平，则当中央财政集中度从样本均值水平上下浮动一个标准差（即从 0.23 上升到 0.33），则县市的省内财政集中程度上升 3.9 个百分点。

另外，财政供养人口和财政依赖度估计系数均为负，符合预期，但同时它们都没有达到一般统计意义上的显著性水平，说明这两个变量并没有显著地影响到省内财政分权的变化。

在被解释变量为人均 GDP 的方程估计结果中，滞后一期的人均 GDP 显著为正。同时，省内财政集中度（Prov_Cen2-2）的估计系数和中央财政集中度（Center_Cen2）分别显著为负和为正。这和第一个估计方程的结果是一致的，表明省内财政集中程度与县市人均 GDP 之间存在着明显的负相关关系；中央财政集权度与经济发达县市存在着显著的正相关关系；县市的总人口与经济发展水平存在着显著的负相关关系。

在被解释变量为财政依赖度的方程估计结果中，省内财政集中程度的估计系数显著为正，说明省内财政集中程度越高，则获得的来自省级财政的财力性转移支付就越多。中央财政集中度估计系数显著为负，说明在其他条件相同时，中央财政集中度越高，则获得的财力转移支付反而越少。另外，财政供养人口比例的估计系数显著为正，表明该比例越高的县市获得的省财力性转移支付越多。最后，总人口越多，获得的省财力性转移支付越少。

6.6　小结

在本章中，我们以浙江省"省管县"财政体制为例，详细讨论了应该如何衡量省内财政分权，并对影响这一变量的各个因素进行了初步的分析。我们发现，浙江省的省内财政集中程度的确受到央—地财政关系的影响，表现为中央财政集中度越高，省内财政集中度会相应提高。同时，随着人均 GDP 的上升，省内财政集中度会下降。这两种效应的综合，决定了随着时间的推移，整体上浙江省内财政集中度是在不断下降的（见图 6-1-b）。

其次,省财政越来越通过财力性转移支付来影响县市财政的可用财力。迄今为止,考虑了与原体制衔接和经常转移支付后,县市政府的可自主自配财力占地方财政总收入的比例在 1994—2005 年期间一直稳定在 64%～65%左右。这说明,省内财政体制较好地应对了分税制后央—地财政关系的变化,基本保证了基层政府自主财力的稳定。而影响县市财政自主财力(财政依赖度)的因素中,省内财政集中度与财政依赖度明显存在正的相关关系。这说明省内财政集中程度越高的县市,拿到的财力性转移支付也就越多。除此之外,县市财政依赖度与财政供养人口占总人口比例也存在明显的正相关关系。这说明财力性转移支付的目的之一,是维持地方政府的正常运转。

以上发现,基本勾勒出了浙江省省内财政体制如何影响到了财政资金在省—县市政府间如何分配和运用。在本章研究的基础上,未来针对省内财政分权及其经济效果的研究可以在两个方向上进行扩展:一是针对省内财政分权决定因素的研究。虽然本章已经讨论了这一问题,但因为缺乏一个完整成熟的理论框架,尤其是缺乏一个关于省内政治经济运行的分析框架,因此我们的分析并没有涉及省内财政分权背后的制度逻辑,导致对省内财政分权背后的决定原因无法深入分析。[①] 二是我们对省内财政分权如何产生经济影响的研究也有待进一步深化,例如对县市政府财政支出的研究,对省内财政分权如何影响税收增长的研究,等等。这方面的研究涉及省和省以下地方政府运用财政资源和管理地方经济的激励和约束,从而也对未来如何构建一个好的政治经济学的分析框架提出了更高的要求。

[①] 例如中央财政集中度和总人口与财力性转移支付之间的关系,纯粹的经济理论很难予以解释。

参考文献

[1] Baskaran T, Feld L P, Schnellenbach J. Fiscal Federalism, Decentralization, and Economic Growth: A Meta-analysis[J]. Economic Inquiry, 2016, 54(3): 1445-1463.

[2] Jin J, Zou H-F. How does Fiscal Decentralization Affect Aggregate, National, and Subnational Government Size? [J]. Journal of Urban Economics, 2002, 52(2):270-293.

[3] Li P, Lu Y, Wang J. Does Flattening Government Improve Economic Performance? Evidence from China[J]. Journal of Development Economics, 2016, 123: 18-37.

[4] Lin Y-F, Liu Z-Q. Fiscal Decentralization and Economic Growth in China[J]. Economic Development and Cultural Change, 2000, 49 (1): 1-21.

[5] Liu Y, Martinez-Vazquez J, Wu A-M. Fiscal Decentralization, Equalization, and Intra-provincial Inequality in China[J]. International Tax and Public Finance, 2016, 23(3): 1-34.

[6] Qian Y-Y, Weingast R B. China's Transition to Markets: Market-preserving Federalism, Chinese style[J]. Journal of Economic Policy Reform, 1996, 1(2):149-185.

[7] Qian Y-Y, RolandG. Federalism and the Soft Budget Constraint[J]. American Economic Review, 1998, (5):1143-1162.

[8] Uchimura H, Johannes P J. Fiscal Decentralization, Chinese Style: Good for Health Outcomes? [J]. World Development, 2009, 37(12): 1926-1934.

[9] Xu C-G. The Fundamental Institutions of China's Reforms and Development[J]. Journal of Economic Literature, 2011, 49(4):1076-1151.

[10] Xu C-G, Qian Y-Y. Why China's Economic Reforms Differ: The M-form Hierarchy and Entry/Expansion of the Non-state Sector[J]. The Economic Transition, 1993, 1(2):130-170.

[11] Zhang T, Zou H-F. Fiscal Decentralization, Public Spending, and

Economic Growth in China[J]. Journal of Public Economics，1998，67(2):221-240.

[12] 安苑,王珺.财政分权与支出偏向的动态演进——基于非参数逐点估计的分析[J].经济学家,2010(7):42-50.

[13] 陈诗一,张军.中国地方政府财政支出效率研究:1978—2005[J].中国社会科学,2008(4):65-78,206.

[14] 陈硕,高琳.央地关系:财政分权度量及作用机制再评估[J].管理世界,2012(6):43-59.

[15] 范子英,张军.粘纸效应:对地方政府规模膨胀的一种解释[J].中国工业经济,2010,(12):5-15.

[16] 傅勇,张晏.中国式分权与财政支出结构偏向:为增长而竞争的代价[J].管理世界,2007(3):4-12,22.

[17] 龚锋,卢洪友.公共支出结构、偏好匹配与财政分权[J].管理世界,2009(1):10-21.

[18] 贾俊雪,郭庆旺.政府间财政收支责任安排的地区经济增长效应[J].经济研究,2008(6):37-49.

[19] 贾俊雪,宁静.纵向财政治理结构与地方政府职能优化——基于省直管县财政体制改革的拟自然实验分析[J].管理世界,2015(1):7-17.

[20] 李萍.中国政府间财政关系图解[M].北京:中国财政经济出版社,2006.

[21] 李涛,周业安.财政分权视角下的支出竞争和中国经济增长:基于中国省级面板数据的经验研究[J].世界经济,2008(1):3-15.

[22] 刘小勇.省及省以下财政分权与省际经济增长[J].经济科学,2008(1):41-54.

[23] 毛捷,汪德华.省以下财政分权与县级地区财力不均等[C].清华大学中国财政税收研究所工作论文,2010.

[24] 乔宝云,范剑勇,冯兴元.中国的财政分权与小学义务教育[J].中国社会科学,2005(6):37-46,206.

[25] 谭之博,周黎安,赵岳.省管县改革、财政分权与民生——基于"倍差法"的估计[J].经济学(季刊),2015(3):1093-1114.

[26] 吴木銮,王闻.如何解释省内财政分权:一项基于中国实证数据的研

究[J].经济体制比较,2011(6):62-72.

[27] 吴一平.财政分权、腐败与治理[J].经济学(季刊),2008,7(3):1045-1060.

[28] 张光.财政分权省际差异、原因和影响初探[J].公共行政评论,2009(1):133-158,204-205.

[29] 张光.测量中国的财政分权[J].经济社会体制比较,2011(6):48-61.

[30] 张晏,龚六堂.分税制改革、财政分权与中国经济增长[J].经济学(季刊),2005,5(1):75-108.

[31] 郑新业,王晗,赵益卓."省直管县"能促进经济增长吗?——双重差分方法[J].管理世界,2011(8):34-44.

[32] 周业安,章泉.财政分权、经济增长和波动[J].管理世界,2008(3):6-15,186.

图书在版编目(CIP)数据

财政省管县体制研究:以浙江、宁夏为例 / 钱滔著. ——
杭州:浙江大学出版社,2017.9
ISBN 978-7-308-17113-7

Ⅰ.①财… Ⅱ.①钱… Ⅲ.①地方财政—财政管理
体制—研究—浙江、宁夏 Ⅳ.①F812.755②F812.743

中国版本图书馆 CIP 数据核字(2017)第 163678 号

财政省管县体制研究
—— 以浙江、宁夏为例

钱　滔　著

责任编辑	田　华
责任校对	杨利军　夏斯斯
封面设计	春天书装
出版发行	浙江大学出版社
	(杭州市天目山路 148 号　邮政编码 310007)
	(网址:http://www.zjupress.com)
排　版	浙江时代出版服务有限公司
印　刷	虎彩印艺股份有限公司
开　本	710mm×1000mm　1/16
印　张	10
字　数	160 千
版 印 次	2017 年 9 月第 1 版　2017 年 9 月第 1 次印刷
书　号	ISBN 978-7-308-17113-7
定　价	30.00 元